新时代中华传统文化知识丛书

传世国宝 中华

李燕　罗日明　主编

应急管理出版社
·北京·

图书在版编目（CIP）数据

中华传世国宝/李燕，罗日明主编． --北京：应急管
理出版社，2024

（新时代中华传统文化知识丛书）

ISBN 978 - 7 - 5237 - 0079 - 2

Ⅰ．①中⋯　Ⅱ．①李⋯　②罗⋯　Ⅲ．①文物—中国
Ⅳ．①K87

中国国家版本馆 CIP 数据核字（2023）第 234437 号

中华传世国宝（新时代中华传统文化知识丛书）

主　　编	李　燕　罗日明
责任编辑	郭浩亮
封面设计	薛　芳

出版发行　应急管理出版社（北京市朝阳区芍药居 35 号　100029）
电　　话　010 - 84657898（总编室）　010 - 84657880（读者服务部）
网　　址　www. cciph. com. cn
印　　刷　天津睿意佳彩印刷有限公司
经　　销　全国新华书店
开　　本　710mm×1000mm¹/₁₆　印张　9　字数　100 千字
版　　次　2025 年 1 月第 1 版　2025 年 1 月第 1 次印刷
社内编号　20231298　　　　　定价　39.80 元

序　言

　　中国是世界上唯一文明没有出现断层的国家，在世界历史长河中一直占据着重要地位。在数千年的时间里，中华大地上出现过无数的历史遗迹和文物。万里长城、北京故宫、三星堆文明、仰韶文化，这些都是华夏文明留下的历史痕迹，是中华传统文化中不可缺失的重要组成部分。

　　文物分为可移动文物和不可移动文物。可移动文物指可收藏文物，历史上各个时代代表性实物、艺术品、文献、手稿等；不可移动文物是指我国先民在历史、文化、建筑、艺术上的具体遗产或遗址，如古建筑、古市街、古墓葬、石窟寺、石刻、壁画等。本书着重介绍的是可收藏的实物性可移动文物。

　　《文物藏品定级标准》规定，文物藏品分为一般文物和珍贵文物。而珍贵文物又分为一级文物、二级文物、三级文物。一级文物为具有特别重要的历史、艺术、科学价值的代表性文物；二级文物为具有重要的历史、艺术、科学价值的文物；三级文物为具有比较重要的历史、艺术、科学价值的文物。具有一定历史、艺术、科学价值的为一般文物。虽然都为文物藏品，但它们却有着级别划分的。

　　史料古籍用文字记述历史事件，器物类型的文物、古代遗迹等虽然不会"说话"，但是我们能通过文物本身，看到它精美工艺中蕴藏的工匠智慧、所处年代的社会风貌及艺术特征等。文物记录的是中华历史的演变，承载的是点亮中华文明的曙光。文物之所以宝贵，不仅是因为其历史久远，更在于其多方面的珍贵价值。

　　本书将我国珍贵的传世国宝分为青铜器、陶器、玉器、金银器及其他类别，每一个类别都为读者着重介绍具有代表性的珍贵国宝。希望读者能对我国重要文物的来历、历史艺术价值有一定的了解，弘扬中华传统文化，增强民族自信心和自豪感。

目 录

第一章　古代的国家宝藏

一、何为"国宝" / 003

二、国宝传承的意义 / 006

三、政府对文物的保护 / 009

四、无形的"国宝" / 012

第二章　国之重宝——青铜器

一、青铜器 / 017

二、后母戊鼎 / 020

三、大盂鼎 / 023

四、虢季子白盘 / 026

五、越王勾践剑 / 029

六、曾侯乙编钟 / 032

七、东汉铜奔马 / 035

第三章　夺天之工——陶瓷器

一、中华陶瓷文化 / 041

二、半坡人面鱼纹彩陶盆 / 044

三、东汉击鼓说唱陶俑 / 047

四、青釉莲花尊 / 050

五、唐白釉莲瓣座灯台 / 053

六、南宋官窑青釉贯耳瓷瓶 / 056

七、定窑白釉孩儿枕 / 059

第四章　石中美饰——玉器

一、中华玉文化 / 065

二、红山文化 C 形玉龙 / 068

三、良渚玉琮王 / 071

四、三星堆商玉璋 / 074

五、西汉金缕玉衣 / 077

六、渎山大玉海 / 080

七、青玉合卺杯 / 083

第五章　稀世之珍——金银器

一、中华金银器文化 / 089

二、商金杖 / 092

三、商周太阳神鸟金饰 / 095

四、滇王之印 / 098

五、唐鎏金银香囊 / 101

六、金瓯永固杯 / 104

七、乾隆金发塔 / 107

第六章　其他传世国宝

一、秦石鼓文 / 113

二、西汉直裾素纱禅衣 / 116

三、陆机《平复帖》/ 119

四、颜真卿《祭侄文稿》/ 122

五、韩滉《五牛图》/ 125

六、顾闳中《韩熙载夜宴图》/ 128

七、宋真珠舍利宝幢 / 131

八、永乐宫壁画 / 134

第一章

古代的国家宝藏

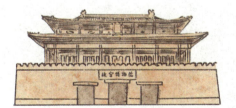

一、何为"国宝"

在中华儿女的认知中，沉浮于历史中的珍贵文物都是我们的"国宝"，但"国宝"一词的真正意义并没有那么简单。

"国宝"多被我们解释为"国家的宝器"，指那些属于国家的珍贵器物。但实际上，"国宝"的指代并非如此单一。除了"国之宝器"这些没有生命的器物外，"国宝"还指具有生命力的国家级珍稀动物，如我们熟知的大熊猫、华南虎、扬子鳄、朱鹮等。

"国宝"既能指代动物，那当然也能指代人。那些为国家作出巨大贡献的珍贵人才也被称为"国宝"。此外，"国宝"还专指传国玉玺。可见，"国宝"一词侧重在"国"，无论其指代为何，它的珍贵价值都是处于极高的国家层面。

"国宝"一词源自《左传》中的"子得其国宝，我亦得地，而纾于难，其荣多矣"。按照杜预的注解，这里的"国宝"是指一种名为甗磬的贵重青铜礼器。而青铜礼器作为古代的国之重器，自然应被称为"国宝"。自此之后，"国宝"就成了国家地位最高、最受尊崇的器物的代称。

现如今，我们常将国宝与文物联系在一起，而一说到文物，我们又会联想到那些陈列于博物馆展示柜里的器物。我国目前的国宝器物中，具有代表性的有商周太阳神鸟金饰（金银器）、秦石鼓文（石刻、壁画）、《平复帖》（书法）、《五牛图》（绘画）、宋真珠舍利宝幢（工艺品）、定窑白釉孩儿枕（陶瓷）、渎山大玉海（玉器）等。

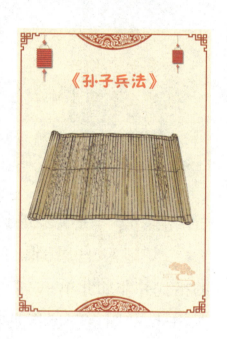

《孙子兵法》

它们或有深远的历史意义，或有精美的技术工艺，每一件都会让前去观赏的人产生一种自豪感。这些文物虽然不会说话，但它们承载的是民族乃至整个国家的精神文明。古时候的君主十分热衷于制造国宝，为制造国宝，甚至不惜耗费大量的人力、财力。这种做法意义有二：一是彰显国力，证明国家有足够的经济和技术可以制造宝物，同时也有足够的实力可以将其妥善保管。二是通过利用民众的崇拜思想来维护君权统治。上古时期铸造的青铜礼器是祭祀、朝拜的尊贵之物，因此在民众心里，这样的国之重器便是君主的威仪所在。统治者通过这种器物崇拜，来达到巩固自己政权的目的。

在漫长的岁月里，华夏大地经历了诸多战乱以及朝代的更替，各个国家及朝代的国之宝器在这个过程中或得到传承，或流散、湮灭。国之宝器和国家兴衰之间一直有着深深的联系，"国宝"固然珍贵，但其所承载的国家底蕴则有着更高的价值和意义。

二、国宝传承的意义

无论是物质性还是非物质性的国宝，都具有极强的历史、人文及艺术价值。

说到文物，不得不提的就是存放文物的"宝库"——博物馆。我国比较著名的博物馆有中国国家博物馆、故宫博物院、河北博物院、陕西历史博物馆、河南博物院、南京博物院、上海博物馆、湖北省博物馆、浙江省博物馆等。这些博物馆藏品丰富且各具特色。

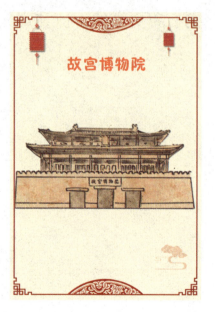

作为一种非营利性的文化教育机构，博物馆存在的意义之一就是进行文化教育。博物馆中陈列的文物皆为国家宝物，目的在于向公众介绍国

宝藏品的相关知识，让更多的人认识到国宝所蕴藏的文化之美。

在当今这个快速变化的时代，保护并传承国家文物显得尤为重要。因为国家文物不仅是历史的见证，也是文化的载体，它们承载着国家和民族的历史记忆与文化精髓。推进国家文物的保护和传承，不仅能保存这些无价的文化遗产，还能在此基础上促进文化的多样性、经济的发展以及国际间的理解与合作。

从历史与文化传承方面看，国家文物是连接过去和未来的桥梁。通过保护这些文物，我们可以为后代保留一扇了解和研究历史的窗口。每一件文物都是中华文明史的一部分，它向我们讲述过去的故事，展示先人的智慧。

从维护国宝的独特文化身份方面看，文物作为我国文化的符号和象征，反映了我国的传统文化、传统价值观和信仰体系。

此外，国家文物不仅具有不可估量的历史价值，还拥有相当深远的教育意义。它们不仅能够增强人们对自身历史和文化的认识与理解，还能促使人们深入了解隐藏在文物背后的历史和文化背景，从而激发人们对文化遗产的热爱。而且，这种教育是多层次的，它并不仅仅局限于学术研究，还包括对青少年的文化教育。同时，传承国家文物还有助于培养青少年的民族自信心和自豪感。

国家文物在促进国际交流与合作方面也发挥着重要作用。文物展览和文化交流活动，能够有效增进不同国家、不同文化之间的相互理解与尊重，促进国际友好关系的和谐发展。

同时，国家文物还是推动旅游业和地方经济发展的重要因素。文物旅游通常会吸引来自世界各地的游客，这不仅能够提高当地的经济收入，还能创造就业机会，促进社会经济的全面发展。

总之，保护并传承国家文物是一项充满挑战且意义重大的任务。传承国宝是对过去的尊重，也是对未来的承诺。

三、政府对文物的保护

现存的文物中，年代较久远的贾湖骨笛已有7800年到9000年的历史，最近的也有了上百年的历史。由于某些原因，许多文物受到了不同程度的损毁，因此需要修复和保养。

为了更好地传承和保护我国的文物，继承中华民族优秀的历史文化遗产，我国政府采取了一系列保护措施，以此确保文物的安全和完整。

首先，为了加强文物保护工作，我国政府一直致力建立和完善有关文物保护的法律法规和制度，确保有坚实的法律基础来支撑文物保护的各项工作。比如，政府通过设立法律框架，对文物进行分级管理，以确保每件文物都能够得到适当的保护。《中华人民共和国文物保护法》规定："历史上各时代重要实物、艺术品、文献、手稿、图书资料、代表性实物等可移动文物，分为珍贵文物和一般文物；珍贵文物分为一级文物、二级文物、三级文物。""出境的文物，应当经国务院文物行政部门指定的文物进出境审核机构审核。经审核允许出境的文物，由国务院行政部门发给文物出境许可证，从国务院文物行政部门指定的口岸出境。""文物出境展览，应当报国务院文物行政部门批准；一级文物超过国务院规定数量的，应当报国务院批准。一级文物中的孤品和易损品，禁止出境展览。"

其次，各级人民政府应当重视文物保护，正确处理经济建设、社会发展与文物保护的关系，确保文物安全。基本建设、旅游发展必须遵守文物保护工作的方针，其活动不得对文物造成损害。加强文物部门内部的管理及与其他相关部门的协作配合，公安机关、工商行政管理部门、海关、城乡建设规划部门和其

他有关国家机关，要依法认真履行所承担的保护文物的职责，维护文物管理秩序。

再次，国家加强文物保护宣传教育和创新传播，开展舆论监督。博物馆、纪念馆、文物保管所、考古遗址公园

等有关单位应当结合参观游览内容有针对性地开展文物保护宣传教育活动。新闻媒体应当开展文物保护法律法规和文物保护知识的宣传报道，并依法对危害文物安全、破坏文物的行为进行舆论监督。

最后，国家推广先进适用的文物保护技术，提高文物保护的科学技术水平；加大考古、修缮、修复等文物保护专业人才培养力度，健全人才培养、使用、评价和激励机制。文物保护修复是一项科学复杂的系统性工作，它不仅要求尽可能恢复文物的原貌，还要确保在修复过程中不会对文物造成进一步的损害。做好文物保护修复工作，需要一支强有力的专业化人才队伍支撑。近年来，文物保护专业学科地位显著提高，原来已经开设相关专业的高校进一步加强学科建设，越来越多的高校新开设相关专业，为文物保护修复提供高素质人才。

总而言之，政府在保护文物方面起着核心作用。通过各级政府的不懈努力，我们不仅能通过国宝探索过去的历史，还能够促进历史文明的可持续发展，让子孙后代也可以欣赏到这些不可估量的文化财富。

四、无形的"国宝"

除了在博物馆的陈列柜中看到的国宝文物，我们还拥有另一种"国宝"，它们被称为非物质文化遗产。

物质文化遗产即有形的文化遗产，与之相对的是非物质文化遗产。两者均为文化遗产。

联合国教科文组织通过的《保护非物质文化遗产公约》规定，非物质文化遗产包括：口头传统和表现形式，包括作为非物质文化遗产媒介的语言；表演艺术；社会实践、仪式、节庆活动；有关自然界和宇宙的知识及实践；传统手工艺。

我国的国家级非物质文化遗产分属十大门类：民间文学，传统音乐，传统舞蹈，传统戏剧，曲艺，传统体育、游艺与杂技，传统美术，传统技艺，传统医药，民俗。各门类中比较著名的有《白蛇传》传说、秧歌、京剧、太极、针灸、剪纸、刺绣、过春节等。

这些非物质文化遗产是以人为本的活态文化遗产，它强调的是以人为核心的技艺、经验和精神，蕴含着强烈的民族特色和浓郁的华夏风情。

随着国家的日益强大，非物质文化遗产开始走向世界，如戏曲，并以其独特的魅力征服西方观众；刺绣也向世界各地的人们展现了针尖上的绝美艺术。

除此之外，我国传统的歌曲、舞蹈、剪纸、杂技及书画艺术也越来越为世界所知、为世人所喜，甚至连我们的民俗节日也越发受到推崇。可以说，中国的非物质文化遗产是珍贵的宝藏，它们所承载的中华文化丝毫不逊色于有形的国宝。

中国的非物质文化遗产是民族文化传统的延续，有助于我们了解古人的生产和生活。因此，保护、利用并传承这一独特的中华文化遗产有着重要的作用和意义。

第二章

国之重宝
——青铜器

一、青铜器

青铜器是我国古代文明的重要标志，在古代主要用于祭祀、礼仪和战争方面，与国家的政治、宗教和文化密切相关。因此具有重要的研究价值。

青铜器是以青铜为原料，用古代特殊冶炼技术所制造出来的器具。在我国考古学上，主要是指先秦时期用铜锡合金制作的器物，包括工具、用具、礼器、兵器、饰物等。

我国最早的青铜器是在甘肃省马家窑文化遗址发现的，距今已有 5000 年的历史。商周时期，中国青铜铸造工艺高超，涌现出大量的青铜器。如举世闻名的后母戊鼎，代表青铜器制造顶峰的四羊方尊、莲鹤方壶等。

中国青铜器的器型有很强的时代特征。夏代，青铜器主要以小刀、小钻、锛、凿等小件工具为主，且多为素面。到了商代，随着铸造技术的发展，以及社会制度和宗教信仰的影响，开始出现鼎，觚等较为大型的器物，且上面刻有精美的花纹。春秋时期，青铜器的风格较为自由、舒展。西周时期，青铜器除了制造精美，中国青铜器还有另一个特殊性，就是文化属性。很多青铜器上铸刻有铭文，从这些铭文中，我们不仅能解读出中国文字的演进过程，更能够了解当时人们的一些生活状况。

商周青铜器上的铭文多为对当时一些事件和生活的真实描述，是难得的历史资料。《梁书·刘显传》记载："时魏人献古器，有隐起字，无能识者，显案文读之，无有滞碍，考校年月，一字不差，高祖甚嘉焉。"可见，早在南北朝时期，人们便抄录铭文并释义，描绘纹饰，考证青铜器的年代，开始了对青铜器的研究。

1980—1989年，三星堆遗址被发掘，出土了大量文物。三星堆遗址是中国新石器时代至商周时期早期蜀文化遗址，它的发现揭开了古蜀国的神秘面纱，为研究四川地区文明的提供了真实的史料。

在三星堆遗址出土的大量青铜器中，青铜神树堪称青铜铸造技艺的瑰宝。青铜神树的原型为上古时代的"扶桑"。《山海经》中有记载："汤谷上有扶桑，十日所浴，在黑齿北。居水中，有大木。九日居下枝，一日居上枝。"

据说太阳神鸟会在扶桑树上升起和栖息。由此可见，青铜神树在当时是一种祭祀礼器。

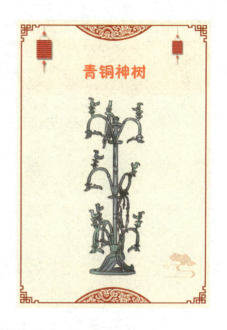

青铜神树

古时，常以青铜器作为祭祀的礼器，因此，我国的青铜礼器数量庞大。我们所熟悉的青铜鼎便是一种重要的礼器，在当时主要用来祭祀天地先祖、宴飨宾客以及陪葬。统治者将青铜鼎视为权力、制度的象征。在陪葬制度中，鼎数量的多少也成为衡量墓主人身份尊贵程度的标准。这无疑是我国奴隶社会等级制度的物质化体现。除了礼器，我国的青铜器还用于兵器、农具、车马器、酒器、乐器等方面。

青铜器是中国古代文明的重要物质遗产，代表了古代青铜文明的成就。通过对青铜器的研究，可以深入了解中国古代社会、政治、经济、文化和宗教等方面的历史背景和发展过程。此外，青铜器的制作工艺、形制、纹饰和铭文等与古代人的生活紧密相关，彰显了先民的智慧和审美水平。因此，我们要保护好这些青铜文物，传承中华文明。

二、后母戊鼎

后母戊鼎，也称"司母戊鼎""司母戊大方鼎"，是商代晚期青铜器。现藏中国国家博物馆。

1939 年 3 月，河南省安阳市武官村出土了一个"大家伙"，而且是由 40 多名村民共同努力才挖出来的。高兴之余，村民们也感到了一丝担忧。彼时，安阳已经被日本侵略者占领，如果这个消息被他们知道，那这件宝物肯定就不保了。

村民吴培文将大鼎藏在家中。他想将大鼎卖给古董商人，由于鼎过大过重，运输成为一个巨大的难题，古董商要求将鼎分解成十块。吴培文于心不忍，于是他决定将其好好保护起来。

之后铜鼎的消息传到了日本侵略者的耳中。好在几经搜寻，他们都没有发现大鼎的踪影。深感压力的吴培文花 20 块大洋买了一件赝品藏在家里，之后，日本侵略者果然将其当作宝贝抢走了。为了保护这件稀世文物，被盯上的吴培文将大鼎托付给兄弟后便离开了家乡，直到抗日战争结束后，他才回去将其挖出，上交给了国家。

后母戊鼎现藏于中国国家博物馆，属国家一级文物，是我国现已发现的最大、最重的青铜器。后母戊鼎通高 133 厘米，口长 112 厘米、宽 79.2 厘米，重达 832.84 千克。后母戊鼎整体为长方形，两侧各有一个立耳，下面有四只柱足。大鼎的立耳外侧有浮雕双虎食人首纹，腹部周缘有饕餮纹，柱足上端为浮雕饕

餮纹，下部为两周凸弦纹。鼎腹内有铭文"后母戊"。"后母戊"是商王母亲的庙号，后母戊鼎的名称也因此而来。

后母戊鼎是商朝君王文丁为纪念其母而铸造的青铜礼器，不仅体量庞大，而且铸造工艺十分复杂。鼎身与四足是整体铸造而成的，但立耳是鼎身铸造完成后再装范浇铸而成。鼎身共使用了八块陶范，四个足柱各用三块，大鼎底部和内部又各用了四块。陶范是铸造青铜器时使用的陶制模具，但这种模具只能使用一次。铸造此鼎时使用的金

属原料超过了 1000 千克，铸造时需要两三百名工匠同时操作才可能完成，可见后母戊鼎铸造规模之宏大、组织之严密、分工之细致。

《考工记》中对铸造青铜鼎的合金比例有着明确的记载："六分其金而锡居一，谓之钟鼎之齐。"经现代科技进行定量分析，发现后母戊鼎含铜 84.77%，含锡 11.64%，含铅 2.79%，铜、锡的比例与《考工记》中记载的比例基本相符，可见我国青铜器铸造技艺的传承。

后母戊鼎不仅是殷商时期青铜器的代表，也是整个中国历史上青铜器的杰出代表。它向世人表明商朝时期的青铜铸造技艺已经达到了极高的水平。

三、大盂鼎

1951 年 7 月，华东军政委员会文化部收到了潘家的一封来信。上海文管会的专员在潘家人的带领下赶赴苏州，在一座宅院里挖出了两件稀世珍宝——大盂鼎和大克鼎。

清道光二十九年（1849 年），陕西郿县（今陕西省宝鸡市眉县）礼村的村民又在土里挖出了一个"大宝贝"。之所以说"又"，是因为岐山作为周朝的肇基之地，村民常常能在地里挖出些"老东西"。但这次的宝贝却有些特别，是一个非常大的"铜缸"。这个"铜缸"就是大盂鼎。

岐山豪绅宋金鉴认为这是一件了不得的宝鼎，于是将其买下。但这个消息被县令周庚盛知道了，他威逼宋金鉴将其交给国家，事后却偷偷将其占为己有，并将该鼎卖给了京城的古董商人。

宋金鉴赴北京参加科举考试时，在市场上看到了大盂鼎，于是花3000两白银将其重新买了回来。但在他去世后，大盂鼎被他的后人以700两白银的价格卖给了左宗棠的幕僚袁保恒，袁保恒转手将其献给了酷爱文玩的左宗棠。再之后，左宗棠将其送给了曾救自己于危难的潘祖荫，同时也为宝鼎寻求了一个安稳之所。

潘祖荫去世后，其弟潘祖年和家人将大盂鼎从北京带回了苏州。光绪末年，时任两江总督的端方对大盂鼎起了贪念，费尽心机想将其占为己有。直至端方在四川保路运动中被起义新军杀死，大盂鼎才暂时得到了保全。

但好景不长，抗日战争全面爆发后，大盂鼎又遭到了日本侵略者的觊觎。为了保护国宝免于落入日本人之手，大盂鼎和虢季子白盘一样，被重新掩埋在了地底。1951年，潘家后人经过商议，决定将这件国之重器捐献给国家，给予其最坚实可靠的庇护。

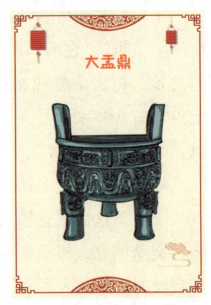

大盂鼎

大盂鼎现存于中国国家博物馆，属国家一级文物。鼎高102厘米，口径77.8厘米，重153.5

千克。大鼎器壁较厚，口沿内收且有一对立耳，其浑圆的器腹部呈下垂状斜向下扩张，且近口沿的上腹部有饕餮纹。鼎的下部为三只蹄状立足，其上部为浮雕饕餮纹，下部则饰以两周凸弦纹，看上去十分雄伟庄严。

大鼎腹部内铸有 19 行铭文，共 291 字。铭文为西周早期的金文，字迹大气却不失秀美，整体布局质朴庄重，给人一种气势恢宏之感。根据其内容，我们可以得知这尊大鼎铸造于周康王二十三年，也就是公元前 998 年。文中记述了周康王在九月册命贵族盂的事情。王告诫盂要忠心辅佐王室，并赏赐给他美酒、华服、车马和奴隶等。盂感激周康王的赏赐，于是铸鼎以祭祀祖先南公。

铭文中的内容真实地反映了当时的社会制度，为后人研究西周的政治、文化提供了宝贵的史学资料。

四、虢季子白盘

虢季子白盘是西周三大青铜重器之首，道光年间出土于陕西宝鸡的虢川司（今属陕西省宝鸡市陈仓区），被当时眉县县令徐燮所得。徐燮返回原籍时将其带回了常州。太平天国时期，虢季子白盘到了镇守常州的护王陈坤书手中，后被刘铭传发现，并运回了合肥。

清同治三年（1864年）初夏，时任直隶提督的淮军将领刘铭传跟随李鸿章镇压太平军。占领常州后，刘铭传便住进了护王府。这天夜里，一阵清脆悦耳的金属撞击声打断了正在看书的刘铭传的思绪，他拿起烛台循声走去，发现这个声音是从马厩里传来的。刘铭传不由得细细观察了一番，原来是马笼头上的铁环撞到了马槽。可是普通的马槽怎么会发出如此奇特的声音？

刘铭传伸手一摸，发觉其触感冰凉，用烛光一照，能看出这个硕大的马槽发着幽幽的光。他想抬起来看看，却发现这个马厩出奇得沉重。他心下了然，这一定不是普通的马槽。天一亮，他便命人将马槽清洗干净，然后派亲信将其偷偷运回了合肥老家。

刘铭传对这一宝贝十分珍视，甚至专门为其建造了一个名为"盘亭"的亭子。许多达官贵人得知消息后，都慕名前来，想一睹风采，但都被刘铭传拒绝了。到了清末民初时期，这一宝物传到了刘铭传后人的手中，但时局的动荡为他们保护这件"传家之宝"平添了无数的困难。无奈之下，他们只得将其深深地掩埋在了地底。1949 年，中华人民共和国成立后，刘铭传的后人刘肃带领家人挖开了老宅里的一处封土，将这件传承了四代的宝物挖出后捐赠给了国家。此时距离 1864 年的初夏已经过去了 80 多年。

虢季子白盘现存于中国国家博物馆，属国家一级文物。虢季子白盘长 137.2 厘米，宽 86.5 厘米，高 39.5 厘米，重 215.3 千克，是目前所见商周时期最大的盛水器。

其整体呈长方形，边角圆钝。每面各铸有一对衔环的兽首耳。器口缘下部周饰窃曲纹，腹部环饰波曲纹。盘壁朝下倾斜，呈口大底小微微鼓起的造型。底部是四个矩形的足。

盘底内部铸有铭文8行111字，记载了虢季子白的显赫战功。铭文的内容大概是：西周宣王十二年正月初，虢季子白率军在洛水之北与猃狁作战，共斩获敌首500、俘虏50人，战后他献馘于周宣王。周宣王对他的勇猛十分赞赏，不仅为他设了庆功宴，还给予他很多嘉奖。虢季子白特地铸造青铜盘作为纪念。铭文篇幅较长，文辞优美，字体线条流畅，不但有很高的文学价值，而且是研究西周政治、军事、文化的重要资料，同时也是不可多得的书法艺术品。

如今，虢季子白盘被陈列在博物馆里，向前来参观的世人讲述着西周的故事和刘家四代人保护自己的那段传奇经历。

五、越王勾践剑

1965 年，湖北省荆州市江陵地区发现了大量古代墓葬，并从中出土了许多文物。其中，从望山一号楚墓中出土的一把青铜剑惊艳了现场的工作人员，这便是被誉为"天下第一剑"和"青铜剑之王"的越王勾践剑。

1965 年冬，一道寒光闪过了位于湖北省荆州市江陵地区的望山一号楚墓，在场的考古工作者无不为之震惊，一把在地下埋藏了 2000 多年的古剑竟然没有一丝锈迹，甚至从剑鞘中被拔出的一瞬间还能让人感到阵阵寒意。

一位工作人员在现场作业时不慎被这把铜剑划伤，但这轻轻一划却留下了一道深深的伤口，顿时血流如注。这再次震惊了在场的所有人，于是专家决定对这把剑的锋利程度进行试验。他们找来 20 多张白纸叠放在桌面上，然后用剑轻轻一划，没想到这 20 多层纸竟全部被划破了。

经科学鉴定，专家发现这把剑的合金成分主要是铜和锡，还含有少量的铝、铁、硫、镍等。这些金属含量有着严格的比例：为让剑脊拥有更好的韧性，所以剑脊处的含铜量较高；为保证剑刃的坚硬和锋利，所以剑刃处含有较多的锡。而剑身千年不腐则是硫化铜和墓穴中稀薄空气的共同作用。这把剑便是越王勾践剑。

越王勾践剑现存于湖北省博物馆，属国家一级文物。剑长约55 厘米，宽约 5 厘米，剑首向外翻卷为圆箍形，内铸有 11 道间隔仅 0.2 毫米的同心圆，剑身布满了规则的黑色菱形暗色花纹，剑格（剑身与剑柄连接处的护手）正、反面分别镶嵌着蓝色琉璃和绿松石，整把剑精美而又不失威仪。此外，在靠近剑格的位置刻有两行鸟篆体铭文"越王鸠浅，自作用剑"。经专家考证，"鸠浅"就是勾践。这一定论证明了宝剑的主人正是春秋时期的最后一位霸主——勾践。

关于越王勾践，我们最为熟知的故事便是"卧薪尝胆"。公元前 494 年，吴王夫差打败了越国。勾践兵败求和，并在吴国做了三年苦役。回国后他奋发图强，卧薪尝胆，终于在公元前 473 年灭了吴国。有人感到奇怪，勾践是越国人，为什么勾践剑是在原楚国地区出土的呢？关于"越剑楚出"这一情况大致有两种说法。

一种说法是，楚国和越国战事频发时期，楚王派了一个叫召滑的人前往越国挑拨其内部关系，最终帮助楚国攻下了越国，之后越王勾践剑便被楚王赐给了召滑。另一种说法是，楚威王即位前，楚、越两国关系很好，楚昭王甚至娶了勾践的女儿为妃。这把越王勾践剑便是勾践女儿带去楚国的嫁妆，之后这把剑被赏赐给了功臣召滑。

真相究竟如何，现如今恐怕只有不会开口的越王勾践剑知道了。不可改变的是，越王勾践剑是青铜器中的珍品，对研究越国历史和了解古代青铜铸造工艺和当时的文字有重要价值。

六、曾侯乙编钟

1978 年，湖北省随县（现随州市）城西 2000
米的擂鼓墩东团坡上的曾侯乙墓开始进行挖掘。然
而让考古人员欣喜的不仅是墓葬的发现，还有以下
葬状态呈现于众人眼前的曾侯乙编钟。

1978 年，一批考古工作者带着设备在湖北省随县
城郊的一个小土坡上展开了考古作业。挖掘工作
刚一开始，众人便发现了盗洞，这让工作人员心猛地一
沉，但发掘工作还是要继续。之后，随着墓室内水位的下
降，一套庞大且精美的青铜器出现在了众人面前。

这是一套青铜乐器，因上面有错金铭文"曾侯乙乍持
用钟"而被命名为"曾侯乙编钟"。同时，这座墓葬的墓主
人身份也得到了证实，他就是战国时期南方姬姓曾国（随
国）的国君曾侯乙。曾侯乙墓占地面积 220 平方米，光椁
室就有 190 平方米以上，比长沙马王堆一号墓大整整 6 倍。

或许是生前钟情于音律，曾侯乙墓的随葬品中乐器的数量十分庞大，而这套曾侯乙编钟就是其中最为杰出的作品。

曾侯乙编钟现藏于湖北省博物馆，属国家一级文物，是我国现已发现的编钟里保存最完整、数量最多、音律最全的一套。整套编钟高273厘米、宽335厘米，架长748厘米。编钟共计65件，分3层排列：最上一层为19件钮钟，中层为33件甬钟，下层为12件甬钟，另有1件镈钟。最大者通高152.3厘

青铜钟

米，重203.6千克；最小者通高20.4厘米，重2.4千克。青铜钟采用了浑铸、分铸等制造方法以及错金、铜焊、浮雕、阴刻等工艺，且所有钟上均有篆书铭文。

编钟的钟架是曲尺形的铜木结构，横梁为木质，其两端有蟠龙纹的青铜套加固，中、下两层的梁间各有3个带着佩剑的铜人托举。整个钟架加上编钟的整体重量高达4吨多，这些无不彰显着其铸造者的伟大创造力。

编钟是我国古代的一种打击乐器。青铜制成的钟按高低顺序依次悬挂于钟架上，演奏时用"丁"字形木槌和长

圆木棒按音谱敲击。曾侯乙编钟出土后，经文化部音乐专家的检测，得出的结论为：音域很广，可跨五个半八度，仅次于现代的钢琴。除此之外，它还是"双音钟"。"双音钟"即一钟双音，因为编钟是合瓦形结构，所以敲击正中部位和口沿两侧会发出两种不同的乐音。这两个乐音相差三度且互不干扰，同时敲击会产生类似和声的效果。

曾侯乙编钟的出土震惊了全世界。其钟体和附件上篆刻的铭文记载了先秦时期音名、阶名、八度组以及各国律名对应关系等乐理，打破了"中国的七声音阶是从欧洲传来，不能旋宫转调"的说法。

曾侯乙编钟的美妙音律穿越了2400多年的时空，现如今以中国文化使者的身份涉足了20多个国家和地区。全世界在聆听古老东方的美妙旋律之时，也能感受到中国先民的卓越智慧。

七、东汉铜奔马

1969 年，甘肃省武威市新鲜人民公社第十三生产队村民在挖防空洞时无意间发现一座大墓，它就是著名的雷台汉墓。墓中出土的文物中最具价值的便是一匹铜奔马。

1969 年 9 月 10 日，甘肃省武威市的防空洞挖掘工作正在如火如荼地进行着。突然，一个村民挖到了一块坚硬的"石头"，清除浮土后才发现这居然是一块砖。顺着这块砖继续挖掘后，村民们发现了一整个墙体，好奇之下他们打开了这堵石墙，而其背后的东汉古墓也随之被发现。

看着墓室中各种精美的陪葬品，村民们决定封锁消息，并将这些文物运到了大队的库房里。但这个消息还是被公社的书记知道了，他向村民们表明态度，说这些文物必须上交给政府，不能私自变卖或占为己有。最终，出土的文物被统一保存了起来。这座汉墓中出土的金银器、玉器、骨器、陶器等文物 230 多件，其中铸造最为精致的是铜车马仪仗队，因此一开始铜奔马并未受到大家的重视。

但千里马终究会遇到自己的伯乐，对这件铜奔马而言，郭沫若便是它的伯乐。在看到铜奔马的第一眼，郭沫若就被它独特的造型吸引了。虽然马匹不会动，但却给人一种飞驰的感觉，更值得注意的是，铜奔马的动作构造十分符合平衡学原理。这件铜奔马被郭沫若大加赞赏，在之后的北京展览上也引起了不小的轰动。

铜奔马现藏于甘肃省博物馆，属国家一级文物。铜奔马又称"马踏飞燕""马超龙雀""凌云奔马"等，整体高34.5 厘米，长 45 厘米，宽 13.1厘米，重 7.3 千克。铜奔马昂首嘶吼，修长而有力的四肢作奔腾状，头顶的鬃毛和马尾一致朝后飘动，使人似乎能感受到风的流向。塑造者选取了铜奔马三足腾空，一只后足踩在正疾飞的飞鸟背上，而飞鸟惊讶地转过头的瞬间，更增强了奔马急速向前的动势。铜奔马整体虽为静态，但通

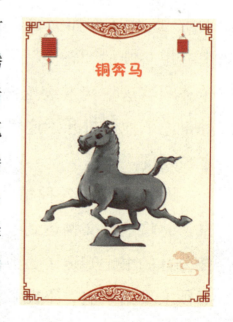

铜奔马

过对马匹肌肉线条和毛发的细致铸造以及马和飞鸟的姿态的塑造，却能让观赏者感受到一种动态的震撼美感。

此外，铜奔马的平衡结构也十分有趣。它的底座是以飞鸟为底，使整个底座的接触面积增大。鸟头、翅膀、尾巴呈伸展状态，这也使得整个底座更具稳定性。这种通过艺术呈现来增加实用功能的方式相当巧妙，不愧为同一时期青铜器中的佼佼者。

铜奔马是受汉朝文化习俗影响而产生的艺术品。它象征着汉朝人民如铜马般积极昂扬的豪迈气概，同时也反映出了大汉王朝的强大与富足。

第三章

夺天之工
——陶瓷器

一、中华陶瓷文化

作为瓷器的故乡，中国拥有数千年的陶瓷历史。我们用漫长的时光谱写中华民族发展史的同时，也编写了一部陶瓷文化的发展史。

陶瓷，顾名思义是由"陶"和"瓷"共同构成的。它们同源却不相同，简单地从烧制温度上来讲，陶的烧成温度最低可以在800℃以下，而瓷的烧成温度必须在1100℃以上。但不管是陶还是瓷，它们都向世人展现了传统工艺的艺术之美，以及从古至今的民俗文化。从很大程度上来说，陶瓷是中华文化的一个象征。

人们在生活实践中逐渐产生了需求，而陶瓷就是这种需求下的产物。原始社会时期的人们就懂得将泥土捏成可以盛食物的器皿的形状，之后用火烧使其变得坚硬，最早的陶器便是在这个时候有了雏形。西安半坡遗址出土的大量精美彩陶器足以证明我国陶器历史的悠久。

说到商周时期的代表性物品，我们最先想到的就是青铜器。然而在当时，青铜器无论是制造工艺还是制造原料都是十分奢侈的，所以平民百姓没有权利去使用这些青铜制品。因此，当时人们最常用的是陶器。

随着陶器制作水平的不断提升，陶器逐渐从盛放食物、酒水的容器发展到了建筑、丧葬用具和祭祀礼器等范畴。秦汉时期，陶制品便被大量运用于建筑中。人们所说的"秦砖汉瓦"，便是因为从阿房宫和未央宫遗址的废墟中发现了许多秦砖和汉代瓦当。此外，秦朝时期还有一种最为人所熟知的陶制品——兵马俑。

兵马俑

在制陶技艺不断发展的过程中，陶器也渐渐有了不同的品类。用较高温度烧制，烧结程度比较好的被称为硬陶；器身涂釉的被称为釉陶；高温烧成，烧结程度好且釉色品质上佳的则被称为瓷器。"瓷"字最早出现在汉代，可见，早在汉代就已经有了质地坚硬且釉色优良的瓷器。

瓷器发展到隋朝时期开始兴起，同时也得到了一定的发展和创新。到了唐朝，瓷器的制作更是达到了史无前例的新高度。唐朝时期的釉料不仅更佳，烧制工艺也强于前代，大量质地坚硬且细致精美的瓷器在这一时期诞生。例如，盛行于当时的低温釉陶器"唐三彩"，因以黄、绿、白三色为主而得名。

宋朝时期，全国各地的名窑开始兴起，各式各样的陶瓷品种陆续问世。元朝时期，我们所熟知的青花瓷已经出现。明朝时期，青花瓷发展到了趋于完美的境界。清朝的康熙、雍正、乾隆年间达到了"瓷器盛世"，这一时期出现了许多珍品。

如今，那些存放于博物馆展台上的陶瓷文物以静默的姿态展示着自己独有的东方艺术风采。它们是古代从业者智慧的结晶，亦是璀璨华夏文明中不可或缺的重要组成部分。

二、半坡人面鱼纹彩陶盆

1952年，陕西省西安市半坡村发现了大量石器及少量陶器。三年后，在这个新石器时代的仰韶文化氏族聚落遗址，一件纹饰奇特的彩绘陶盆进入了大众的视野。

1952年12月，灞桥火力发电厂的建设工作在西安市东郊的半坡村如火如荼地进行着。施工过程中，工人无意间挖掘出了许多有人工磨制痕迹的石器和一些陶器。

西安特殊的城市特征激发了工人们敏锐的嗅觉，他们立即将这一情况上报给了有关部门。经过西安市文物部门工作人员的专业调查取证，此处被断定为新石器时代仰韶文化氏族聚落遗址。

新石器时代在考古学上是指石器时代的最后一个阶段，它的开始时间距今已有10000多年。而仰韶文化距今也有 5000 ～ 7000 年的历史，它是我国黄河中游地区重要的新石器时代彩陶文化，因 1921 年首次在河南省三门峡市渑池县仰韶村发现而被称为"仰韶文化"。

考古工作者先后对半坡遗址展开了 5 次发掘工作，持续时间长达 4 年左右，其间出土了大量文物，包括房屋、陶窑、圈栏、成人墓葬和儿童瓮棺等。儿童瓮棺是将夭折的儿童尸身放置于陶瓮中，再盖上陶盆，安葬于房屋附近。1955 年出土的人面鱼纹彩陶盆就是儿童瓮棺的棺盖，是一种特制的丧葬用具。

人面鱼纹彩陶盆现藏于中国国家博物馆，属国家一级文物。陶盆高 16.5 厘米，口径 39.8 厘米，通体由细泥红陶制作而成，盆口为敞口卷唇，口沿位置绘有对称的黑色彩绘纹饰。

人面鱼纹彩陶盆最具特色的是位于其内壁的黑色彩绘，内容为两组互相对称的人面鱼纹。人面为圆形，头顶有类似发髻的尖状物和鱼鳍形装饰。前额右半部涂黑，左半部为黑色半弧形。眼睛细而平直，似闭目状。鼻梁挺直，呈倒立的"T"字形。嘴巴左右两侧分置一条变形鱼纹，鱼头与人嘴外廓重合，像是口内同时衔着两条大鱼。另外，在人面双耳部位也有相对的两条小鱼分置左右，从而构成形象奇特的人鱼合体。在两个人面之间，还有两条首尾追逐的大鱼。整个构图虽简洁却不乏生动感，而且充满奇幻色彩。

从彩绘的纹饰中我们不难看出，鱼这个元素是整个彩绘纹饰的重要组成部分。这是为什么呢？半坡遗址的地理位置似乎可以告诉我们答案。它位于陕西省西安市东郊灞桥区浐河东岸，是黄河流域十分典型的原始社会母系氏族公社聚落遗址。当时的半坡人过着以农业生产为主的定居生活，兼营采集和渔猎，因此，鱼作为他们生活、文化乃至经济交流中必不可少的一部分，成为他们的图腾。这种图腾被绘制于丧葬用具上时，自然而然地多了一丝神秘的宗教色彩，像是一种招魂仪式，又像是对早夭孩童的祈福和追思。

仰韶文化是中国新石器时代各文化中延续时间最长且实力最大的一支，它的原始彩陶工艺堪称同时期的典范。人面鱼纹彩陶盆便是这一时期的经典之作。它向我们展示了7000多年前古人的精湛制陶工艺，同时也让我们对先人的智慧产生了由衷的钦佩。

三、东汉击鼓说唱陶俑

1957 年，四川省成都市天回山发现了一座东汉崖墓。在考古发掘过程中，被称为"汉代第一俑"的东汉击鼓说唱陶俑得以重见天日。

1957 年 2 月，重庆铁路管理局在修建工程项目时，在一个名叫巫家坡的地方无意间挖出了一个洞。随后他们在洞中看到了一个让所有人震撼的东西——棺材。施工人员赶紧将这个惊人发现报告给了上级相关部门。听到消息后，四川博物院的工作人员意识到这很可能是一座古代崖墓（古代开凿于山崖或者岩层中的墓葬），于是立即派遣专业人员前往此地展开探查工作。

经过专业发掘，三座土坑墓于 1958 年被清理了出来，分别为战国墓、西汉墓和东汉墓。东汉墓曾经被盗，盗墓贼不仅盗走了大量的金器和玉器，并打乱了殉葬器物本来的位置，还踩碎了许多精美的陶器。存留的陶器中有很多模仿生活用品、生活环境及家禽的明器，它们共同构成了一幅栩栩如生的古人生活画卷。除此之外，还有许多彰显墓主人生前富裕生活和尊贵地位的陶俑。

陶俑的样式非常丰富，有男女舞俑、抚琴俑、听琴俑、持瓶俑、持镜俑等。其中就包括击鼓说唱俑，它的特别之处在于其身上浓厚的民间气息和地方风貌，被世人看作"中国滑稽戏的鼻祖"。

东汉时期，民间说唱表演开始盛行，皇室、贵族、官员和富豪之中流行起了蓄养俳优。"俳优"是古时候以乐舞、谐戏为生的艺人，《荀子·正论》中有记载："今俳优、侏儒、狎徒詈侮而不斗者。"可知当时一些身材粗短、动作滑稽的侏儒为糊口而成为俳优。他们常常随侍于主人身侧，一旦主人下令，他们就会即兴表演，通过滑稽、讽刺的表演风格博取主人和看客一乐。这件出土于东汉古墓的陶俑正是这般形象。

击鼓说唱陶俑现藏于中国国家博物馆，属国家一级文物。陶俑高 56 厘米，由泥质灰陶烧制而成。他头上戴帻，额前还打了个花结。上身赤裸，手臂处戴有璎珞珠饰，下身则穿着一条长裤。左臂环抱一扁鼓，右手举槌欲击，赤足抬腿的姿势十分滑稽。不过更加诙谐有趣的是陶俑的表情，他张嘴露齿，笑容十分夸张，以至于双眼眯起，额头上也挤出了三道深深的纹路。

陶俑整体的造型十分生动，既有民间的古朴风格，又不失做工的精湛传神，它将古代说唱艺人表演时的神情和动作状态展现得淋漓尽致。我们通过它仿佛能穿越 1900 多年的时光，目睹那一场精彩的说唱表演。

除此之外，这件击鼓说唱陶俑的出土，也向世人证明我国的说唱艺术在东汉时期已经趋于成熟，且在当时深受王公贵族和民间百姓的喜爱，为今天我们研究中国曲艺艺术发展史提供了十分重要的实物资料。

击鼓说唱陶俑

四、青釉莲花尊

1948 年，十八乱冢封氏墓群被挖开。考古人员从中发现了大量南北朝时期的文物，其中最引人注目的便是先后出土的 4 件青釉莲花尊。

我国河北省衡水市景县前村乡后屯村一带一直流传着一种说法，即村子附近的十八乱冢就是"十八牢"，里面住着 18 个神仙。

1948 年土地改革在全国实施后，当地群众为破除封建迷信，便一同打开了其中的 4 座墓穴，并从中取出了大量的陪葬品。随后，他们将这一发现报告给了上级相关部门。考古工作者接到任务后，立即赶往现场开始了勘查工作。

此墓群共有封土墓 18 座，现存 15 座，经探查断定是景县封氏家族的墓地。根据《魏书》《北齐书》《景县志》的记载可知，封氏是魏晋南北朝至隋朝时期北方的名门望族，工作人员从墓中发现的大量精美文物也佐证了这一事实。封氏墓群中共出土了300多件文物，有青铜器、彩绘陶俑、墓志等，其中最为精美的还是4件器型硕大且花纹复杂的青瓷器——青釉莲花尊。

这4件青釉莲花尊分别藏于中国国家博物馆、故宫博物院、河北博物院。故宫博物院的青釉莲花尊和其他藏馆的青釉莲花尊的区别在于没有盖子。

故宫博物院的青釉莲花尊高67厘米，口径19厘米，足径20厘米，长束颈，侈口，圆肩，卵形腹，高足中空外敞。其整体釉色呈青绿色，部分中间位置呈青中泛黄，但是整体施釉比较均匀，在纹饰的凹处因为有积釉，故而有玻璃的质感。

青釉莲花尊

青釉莲花尊的制作工艺十分精妙。从口部到颈部的纹饰以弦纹分隔为3层，最上一层贴印6个不同姿态的飞天，中间一层饰宝相花纹，下层贴印团龙图案。颈肩部有6个条形系。腹部共有5层凸雕莲花瓣，上部两层是贴塑双瓣覆莲；第三层则位于腹中部，莲瓣最大，莲尖也突出最长；

第二层和第三层莲瓣之间贴印菩提叶一周；下部的两层莲瓣皆为仰莲的样式，莲瓣丰满肥硕，造型美观。足部也堆塑覆莲瓣两层。

魏晋南北朝时期是我国历史上政权更迭极为频繁的时期，这样的历史条件为宗教的传播提供了很好的温床。众所周知，莲花有着"佛门圣花"的美誉，也一直被视为佛教的象征。青釉莲花尊上的诸多纹饰都与佛教有着十分深厚的渊源，而且莲花尊大多出土于名门贵族的墓葬中，因此很多人猜测青釉莲花尊极有可能是魏晋南北朝时期上层贵族的陪葬品或者是当时的一种佛教用器。

青釉莲花尊的制造工艺在科技发达的今天仍是很高端的，实在很难想象在技术落后且物质匮乏的年代，我们的先人是如何制作出这般精美的艺术品的。青釉莲花尊不仅向我们展示了古人高超的制瓷技艺，更向研究者提供了关于魏晋南北朝时期的真实史料。

五、唐白釉莲瓣座灯台

1956 年，黄河水库考古工作者在河南省陕县发掘了 223 座古代墓葬。出土于其中一座唐墓的白釉莲瓣座灯台十分引人注目。该灯台做工精湛，是唐代邢窑白瓷中的上乘佳作。

1956 年，大量汉墓、唐墓及少量宋墓、金墓在河南省陕县被发掘。陕县在古时属陕州，汉唐时期的陕州非常繁荣，是中原地区水陆交通的咽喉，但在北宋定都东京（今河南开封）后就开始日渐衰落。在已发掘的古墓中有一座位于刘家渠的唐代墓葬。考古工作者从这座唐墓中发现了一件精美的白色瓷器——白釉莲瓣座灯台。

灯具出现的时间很早，但在魏晋以前，秦汉乃至战国时期的人们常用的是铜灯或陶灯。魏晋时期开始流行瓷灯，但那时的瓷器大多为青瓷而不是白瓷。白瓷的烧制条件十分严苛，其釉料中不能含有杂质，瓷胎中的含铁量也受到严格的控制。因此白瓷的产生很大程度上推动了中国陶瓷的发展，为之后青花瓷以及彩瓷的出现奠定了基础。唐朝时期，白瓷的制造技术得到了大幅度提升，大量的白瓷器具在此时涌现。白釉莲瓣座灯台就是唐代瓷灯具中的佳作。

白釉莲瓣座灯台现藏于中国国家博物馆，属国家一级文物。灯台总体高30厘米左右，口径为6.5厘米，整体由灯盘、灯柄和灯足三部分组成。

白釉莲瓣座灯台出自邢窑。邢窑是唐代的七大名窑之一，是我国北方最早烧制白瓷的窑场，它烧制的白瓷有"类雪"的美誉。整个白釉莲瓣座灯台胎质细

白釉莲瓣座灯台

密，外表坚硬又不失柔和的光泽，釉色白润，堪称唐代邢窑白瓷的代表作。

白釉莲瓣座灯台的灯盘呈浅钵形，钵中心处设置了一个高出盘沿的直口杯状盏用于放置和固定蜡烛，蜡烛燃烧后产生的烛泪可以通过杯盘进行回收，唐代诗人郑谷《蜡烛》诗中的"泪滴杯盘何所恨"就是形容这一特性。白釉

莲瓣座灯台的灯柄为束腰细柱形，表面有多条宽窄相同的瓦棱旋纹。这不仅起到了装饰作用，还能通过增加摩擦使灯台在执握时不容易滑动。灯足雕有莲花花瓣造型，雕刻清晰，周边减地明显，立体感强烈。此外，白釉莲瓣座灯台的底部有一个墨书的"永"字，世人推测应该是与其主人的名字有关。

可见，白釉莲瓣座灯台不仅造型精美，而且十分实用。人们可以握住具有防滑设计的灯柄随意走动，灯盘能接住滴落的蜡油，防止握着灯柄的手被蜡油烫伤。从整体来看，白釉莲瓣座灯台极具当时白瓷质朴细腻、庄重典雅的风格，是不可多得的唐代艺术珍品。

六、南宋官窑青釉贯耳瓷瓶

　　1996 年，一位市民打电话举报有人盗挖浙江省杭州市上城区凤凰山老虎洞的碎瓷片。他的这个电话不仅牵出了老虎洞窑址的秘密，也让官窑青釉贯耳瓷瓶得以被发现。

　　位于凤凰山北麓的老虎洞距离南宋皇城遗址不足百米。杭州市文物考古研究所的工作人员接到电话后迅速派人赶往现场，并对此地展开了为期两个月的勘查工作。

　　在此过程中，考古工作者发现了两座窑炉和作坊遗址，出土了少量的瓷片、素烧坯和窑具等。专家经辨认，确定这里就是南宋时期修内司官窑的遗址。

　　如今我们将历朝历代所有官方烧制的瓷器统称为"官窑"，但历史上的官窑仅指南宋时期烧制的瓷器。1127 年，宋高宗赵构南逃，至应天府（今河南商丘）即位，后南迁临安府（今浙江杭州），并以其为都城，史称"南宋"。为烧制专供皇室使用的瓷器，宋高宗于都城设立修内司官窑。南宋官窑烧制的瓷器继承了河南汝窑瓷器端庄简朴、釉质浑厚的特点，又将南方越窑、龙泉窑等瓷器薄胎厚釉的特点融进了制瓷工艺之中，创造了中国青瓷史上的巅峰。

1998 年到 2001 年间，经国家文物局批准，杭州市文物考古研究所的工作人员对老虎洞窑址进行了两次大规模的考古挖掘。窑址中出土了很多釉色莹澈滋润、器型多样的瓷片和窑具，官窑青釉贯耳瓷瓶便是这些收获中的佼佼者。

官窑青釉贯耳瓷瓶现藏于中国国家博物馆，属国家一级文物。瓷瓶高 22.8 厘米，口径 8.3 厘米，足径 9.6 厘米，整体端庄典雅。官窑青釉贯耳瓷瓶胎体轻薄，釉质肥厚、细腻、有光泽，恍若玉器，开片宛如蟹爪，口沿和棱角处的釉质因太过轻薄而露出紫色的胎骨，是宋代瓷器中的珍品。

官窑青釉贯耳瓷瓶

官窑青釉贯耳瓷瓶属于南宋时期的陈设器，是受北宋末期宋徽宗提倡的仿古、复古风气的影响，仿照古代青铜壶的样式烧制而成的。它腹部矮短，瓶颈于正中间向上伸出，顶端有对称的管状双耳（即贯耳）。耳瓶是宋代常见的瓷器样式，根据耳的不同形式可分为贯耳瓶、鱼耳瓶、凤耳瓶等。贯耳瓶的器耳呈贯通的管状，竖向黏附在瓶子的直颈两侧。这种造型多见于宋代官窑、龙泉窑和哥窑的器物上。

南宋的官窑专门制造专供宫廷的御用品。官窑烧制的瓷器严禁民间使用，而且也不许民窑仿制。烧制期间，若有烧坏的瓷器，皆摔碎后掩埋，杜绝其流入民间。但随着南宋的灭亡，不仅官窑被毁，匠人亦是四处流散，那些巧夺天工的传世珍品在战乱中散落、消失，留存下来的不足百件，实在是令人惋惜。

七、定窑白釉孩儿枕

1985 年至 1987 年间，河北省文物研究所在曲阳县涧磁村一带进行了发掘，在出土的众多文物中，最为出众的是一件堪称"中国陶瓷史上经典之作"的瓷枕——定窑白釉孩儿枕。

20 世纪五六十年代，相关工作者在河北省曲阳县涧磁村附近先后展开了两次调查。之后，河北省文物研究所在 1985 年到 1987 年间，在北镇村、涧磁岭、野北村等地进行发掘，揭露面积约 2000 平方米，发现大量窑炉和作坊遗址，出土遗物标本万余件，残片约 30 多万片。最终，曲阳县涧磁村一带被确定为定窑遗址。

北宋时期有五大名窑，分别为官窑、哥窑、汝窑、钧窑和定窑。定窑最初为民窑，到北宋中后期开始烧制宫廷用瓷。其创建于唐朝，兴于北宋、金朝，终于元代，以产白瓷著称，出土于定窑遗址的孩儿枕便是其中的精品。

定窑白釉孩儿枕现藏于故宫博物院，属国家一级文物。该枕长30厘米，宽11.8厘米，高18.3厘米，通体釉为象牙白，其底为素胎（陶瓷生坯没有上釉前预烧的胎），且有两个孔洞。

孩儿枕的整体造型为一个趴卧于榻上的小男孩，小男孩的后背为瓷枕的枕面。瓷枕上的小男孩身穿长衣，长衣的下部有团花纹，下身穿着长裤，脚下蹬着软靴。形态上，小孩双臂交叉环抱在胸前，右手还拿着绣球的绸带，胖乎乎的脑袋枕在手臂上，臀部微微朝上，一双小脚交叉向上翘起。他身下的长圆榻四面开

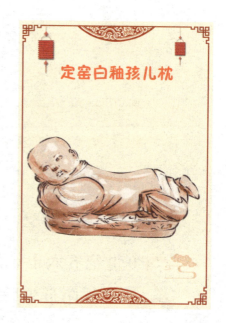

定窑白釉孩儿枕

光且皆有纹饰，为压印花纹。小孩的面部表情也是惟妙惟肖，圆圆的双眼炯炯有神，嘴角微微上翘，给人一种吉祥喜庆的感觉。

瓷枕是宋代开始盛行的夏季寝具，有"明目益睛，至老可读细书"的作用。宋代南、北方瓷窑普遍烧造瓷枕，种类繁多，有黑釉、白釉、青釉、青白釉、绿釉等；造型也非常丰富，有孩儿形、长方形、如意形等。其中，孩儿

形的瓷枕不仅是日常生活用具，更有赐福的意义。

　　定窑白釉孩儿枕造型精美，是宋代瓷器中的精品，被《国家人文历史》列入我国九大镇国之宝。它向我们展示了宋代民间风俗的独特魅力以及中国古代的陶瓷艺术之美。

第四章

石中美饰
——玉器

一、中华玉文化

中华玉文化自新石器时代延续至今。玉器作为自然之美的载体，长久以来深受世人的喜爱。同时，玉文化也是中华传统文化不可或缺的重要组成部分。

不论是陶瓷器还是青铜器，都代表了我国古代各个历史时期的文化特色，而玉器从新石器时代发展到今天，其间的传承一直未曾中断。它是一种杰出的文化艺术的代表，也是我们研究史前文化和人类溯源最有迹可循的证据。

说到玉器，就不得不提红山文化。红山文化是五六千年前发源于我国东北地区西南部的古老文化，初期为母系氏族社会，后期逐渐过渡到父系氏族社会。从红山文化遗址中出土的 C 形玉龙、玉猪龙、玉龟、勾云纹佩等玉器都具有华夏传统文化的特色，并且从中可以看出玉雕工艺在当时已经有了较大的发展。

　　玉作为中华民族的一种传统象征，其中蕴藏着十分深厚的文化内涵。古人尚玉，将"君子比德于玉"。春秋时期的名相管仲提出过"玉有九德"，《管子·水地》中有记载："夫玉之所贵者，九德出焉。夫玉温润以泽，仁也；邻以理者，知也；坚而不蹙，义也；廉而不刿，行也；鲜而不垢，洁也；折而不挠，勇也；瑕适皆见，精也；茂华光泽，并通而不相陵，容也；叩之，其音清搏彻远，纯而不杀，辞也；是以人主贵之，藏以为室，剖以为符瑞，九德出焉。"

名相管仲

　　玉本身是一种富有自然之美的天然矿石，古人在宗教崇拜的作用下为其赋予了诸多神圣的意义，譬如挡灾驱邪、保佑平安等。在古代，玉有着十分严格的使用制度。玉器是权力和地位的象征，因此许多贵族在腰间挂玉佩便是彰显其身份的尊贵。当然，古代玉器中最为尊贵的还要属传国玉玺。传国玉玺是中国历代正统皇帝的身份证明，其正面所刻的"受命于天，既寿永昌"八个大字体现了古代"君权神授"

的思想。这也很好地体现了我国封建时期的思想内核。

从商周到清朝，玉器的雕琢工艺和品质、造型不断地发展，纹饰逐渐从抽象变得写实，仿佛是工匠们将生命力一点一点地注入这些玉料中，使得最终的成品栩栩如生。此外，玉器的品类也在发展过程中逐步得到了完善，早在两汉时期就已经有了佩玉、祭玉、赏玩玉等区别。

玉在古人心目中是高洁的化身，我们所熟知的形容美好事物的词中就不乏"玉"字的出现。可以说，玉文化在中华传统文化体系中占有十分重要的地位。它不仅蕴含着古老东方的信仰、崇拜，同时还体现了中国古代先贤对高尚品德的不懈追求。

二、红山文化 C 形玉龙

1971 年，内蒙古自治区赤峰市翁牛特旗赛沁塔拉嘎查的一个村民在田间挖出了一个黑乎乎的"铁钩"，"铁钩"露出了碧绿色光泽。但它只是被当作普通文物封存了起来。直到十年后另一件精美玉器出土，它的价值才真正被世人发觉。

20 世纪 80 年代，考古队队员在牛河梁发现了一座 5000 年前的红山文化古墓。古墓挖开后，人们发现墓主人的胸前摆放了两件十分精美的玉器，它们通体呈白色，身体蜷缩，首尾相连，宛如胚胎。其头部肥大、口部齐平的样子像是猪，因此这两件玉器被命名为"玉猪龙"。

这一消息很快便传到了翁牛特旗文化馆，这让馆工作人员回想起了 1971 年的一件事。1971 年秋天的一个下午，赤峰市翁牛特旗三星塔拉村的村民张凤祥在田间干活时挖到了一个黑乎乎的东西。见它质地坚硬且形状像个弯钩，张凤祥便以为这只是一个普通的铁钩，于是带回家拴了根绳子让弟弟拖着玩。没过几天，张凤祥发现原本黑乎乎的"铁钩"变成了墨绿色，整个"钩子"看上去像是一条墨绿色的玉龙。

直觉告诉张凤祥这不是一个普通的物件，他激动地将东西带到了翁牛特旗文化馆，想让工作人员帮忙鉴定一下。但当时的工作人员并未断定出这件文物的价值，最终他们将这件玉器和其他普通文物一起封存了起来。

玉猪龙的消息传来后，工作人员想起了那件钩状玉器，于是他们请来了我国著名考古学家苏秉琦教授对其进行鉴定。苏秉琦教授最终认定这是一件可以追溯到5000多年前的红山文化玉器，因为是我国发现最早的玉雕龙，因而被称为"中华第一龙"。

C 形玉龙

红山文化C形玉龙现存于中国国家博物馆，属国家一级文物。玉器高26厘米，通体为墨绿色，龙首似马脸，龙吻紧闭，且微微前伸上噘，鼻端截平，两个对称的圆洞为鼻孔。在它的背脊上有一缕超过整个龙体三分之一的长鬃，龙额及颚底刻有细密的网状方格纹，身上大部分地方则光滑无纹。整条玉龙的身子呈弯曲状，侧面看上去像是英文字母"C"，玉龙也因此被称为"C形玉龙"。此外，它的脊背处有一圆孔，如果用绳子穿过圆孔将其悬挂起来，则其头尾恰好处在同一水平线上。

龙作为华夏文明中瑞兽的代表，在远古时期便被视为神权的象征，在许多古老的图腾中都能看到类似的样式。红山文化C形玉龙所呈现的龙的造型，其实就是当时的人们对龙的外形的想象。随着时代的变迁，龙的外形逐渐演变为我们今天所熟知的形象，这与玉龙所呈现的无鳞、无鳍、无足、无爪、无角的形象大相径庭。

在生产力低下的远古时期，人们的生活完全受大自然的支配，于是他们便将对风调雨顺的憧憬寄托于自己所神化出来的瑞兽——龙身上。红山文化C形玉龙的出现为我们揭示了5000多年前人们的信仰、崇拜，为专业人员研究当时的历史文化提供了重要的实物资料。

三、良渚玉琮王

1986 年，浙江省杭州市余杭区瓶窑镇的反山 12 号墓出土了一件良渚人所用的宗教礼器。这件精美的玉器从出土的千余件文物中脱颖而出，它便是良渚玉琮王。

1986 年，良渚文化反山墓地发掘工作拉开了帷幕。良渚文化是分布在长江下游的古文化，距今约四五千年历史。良渚文化时期的农业和琢玉工业十分先进，这一时期的玉器工艺达到了我国史前文化的高峰。

因为良渚文化的时间跨度很大，所以其前期和后期的玉器有着明显的不同，相较于前期，后期的玉器不论是雕工还是纹饰都更加细致、精美。但相同的是，两个时期的玉器的种类都是以祭祀礼器为主。

1986 年到 1987 年的两年间，良渚墓葬中出土的玉器占了总出土文物的 90% 以上。这些玉器不仅数量多，种类也十分丰富，有璧、琮、璜、环、珠等，其中最引人注目的便是 1986 年从反山 12 号墓中出土的玉琮王。

良渚玉琮王现存于浙江省博物馆，属国家一级文物。玉琮王高 8.9 厘米，上射径 17.1 ～ 17.6 厘米，下射径 16.5 ～ 17.5 厘米，孔外径 5 厘米，孔内径 3.8 厘米，通体为软白玉质，表面有浅黄带紫红色的斑块。玉琮王外方内圆，四面竖槽内刻有细如发丝的神人兽面"神徽"。边棱上刻有凸出的人面像，圆眼圆瞳，中间由一条线连接，鼻子为倒"T"形，下方是条形阔口，头上还有冠状装饰。

良渚玉琮王

玉琮的纹饰对称、工整，匠心独具，其工艺为浅浮雕配以线刻技艺，单是这一工艺便让人为之赞叹。据推算，玉琮王的制造时间应为良渚文化中期，当时所用的琢玉工具为竹片、石英颗粒、鲨鱼牙等。在没有金属器具的条件下雕刻出如此精美的纹饰，这令我们不得不感叹古人手艺的精巧。

《周礼》记载："以玉作六器，以礼天地四方：以苍璧礼天，以黄琮礼地，以青圭礼东方，以赤璋礼南方，以白琥礼西方，以玄璜礼北方。"可见琮在古代是用来祭拜地神的一种重要礼器。良渚文化玉器以玉琮最为有名。玉琮，后世又称作"辋头"，经考证，其功能与文化内涵主要有二：

其一，玉琮与玉璧、玉圭、玉璋、玉璜、玉琥并称"六器"。玉琮的造型为外方内圆，这是取"璧圆象天，琮方象地"之意，因此玉琮也成为巫师们用来通灵的法器，有镇墓压邪、殓尸防腐、避凶驱鬼的功用。

其二，玉琮象征着财富与权力。许多高规格的贵族墓葬中都发现了作为随葬品的玉琮。余杭反山墓地出土的玉琮王摆在墓主人头骨的左上侧，可见玉琮在众多随葬品中的至高地位。

这些内涵为玉琮这一礼器蒙上了一层神秘的面纱。通过玉琮王器身上巧夺天工的精美纹饰，我们仿佛能穿越5000年的时光，看见巍峨庄严的祭坛上祭司们高举法器，吟哦着祭祀的咒语……

四、三星堆商玉璋

三星堆遗址出土了巨大的黄金面具，造型奇特的青铜神树、青铜立人像、青铜兽面具等，使遗址带有一抹神秘的域外色彩，显得与中原文明格格不入。然而，在三星堆出土的文物中，还有一件中原文明也有的器物，那就是商玉璋。

三星堆遗址位于四川省广汉市西北的鸭子河南岸，因堤岸被河水冲刷出三个土堆而得名。1986 年，考古人员在三星堆遗址发现了两处祭祀坑。在其中一处祭祀坑中，考古人员清理出一件有孔玉璋。这件玉璋是三星堆玉器中较有代表性的文物，通长 54.2 厘米，宽8.8 厘米，厚 0.8 厘米，器身雕刻有精美的纹饰。

玉璋上的纹饰图案分为上、下两幅，正反相对，大致呈对称布局。每幅图案都分为 5 组：

最下方一组是两座山，还有云气和山腰，从而让山体显得更精细。山体上刻有圆圈，有文化学者认为圆圈代表着太阳；两座山之间有钩状纹饰。此外，两山外侧各插有一枚牙璋，齿状的扉棱也被清晰地刻画了出来。

第二组，也就是山图案的上面，是三个跪坐的人像。人像头戴穹隆形帽，戴着双环相套的耳饰，身穿无袖短裙，两拳相抱于胸前，整体呈现出一种特别的姿势。

三星堆商玉璋

第三组，即中间一组，为几何形图案，彼此间并不贯通，可能仅是作为装饰而并无实际意义。

第四组也是两座大山，但两山之间悬吊有一组特殊的符号，很像一艘小船。两山的外侧似有一人握拳将拇指按在山腰。

最上面的一组是三个双脚呈外八字且并排站立的人像。人像头戴平顶冠，冠上刻有纹饰；耳上佩铃状饰物；身穿无袖短裙，足蹬翘头履；两手同样相抱于胸前，仿佛在进行隆重的祭祀。

玉在我国古代有着非常崇高的地位。古人相信玉器能够沟通天地，是重大仪式上沟通天地神灵、祭拜祖先的神圣之物，也是统治者彰显统治地位、划分尊卑等级的信物。璋是我国古代最为重要的礼器之一，在礼拜天地四方之中，璋被认为是用来"礼南方"的器物，一般认为它最主要的用途是祭山。三星堆所发现的玉璋，外表伤痕很小，几乎没有使用过的痕迹，再结合图案中的山、山侧所插的璋，以及作拜祭状的人等情况分析，大体上可以推测该图所表现的正是"山陵之祭"的隆重祭祀场面。而璋的祭祀用途，尤其是作为祭山的用途，也就彰显无疑了。

玉璋是三星堆出土的玉器中最特殊的一种。它的特殊性在于，玉璋是古蜀人社会生活的再现，也反映出古蜀国浓重的尊神信仰，以及独特的社会文化。

三星堆文化距离我们有着数千年时光，古蜀国也早已消失。但幸运的是，我们能够从玉璋等文物中窥探到神秘的三星堆文化的一角，了解蒙昧与文明融合交织的古蜀国，探索古蜀文明及其在中华文明发展进程中的作用。

五、西汉金缕玉衣

1968年，河北省满城县陵山上发现了一座西汉古墓，郭沫若受周恩来总理安排前往主持发掘工作。在这座墓穴中，出土了迄今为止保存最为完整的金缕玉衣。

1968年5月，解放军某部在河北省满城县陵山执行一项绝密的国防工程任务，但爆炸声响过后，一块朝东的地面并没有像其他地方一样被崩下大量石块。一名战士朝前走去，但没走两步就陷了下去，他定睛一看，发现自己面前是一个漆黑的洞，而这黑洞之下竟然是一座古墓。

很快，考古工作者对墓穴展开了清理工作，大量刻有"中山内府"铭文的文物被挖掘了出来。我国历史上出现过两个中山国，一个在春秋战国时期，一个在西汉时期。但墓中出土的文物风格不同于之前发现的战国时期的中山国文物，且战国时期中山国的文字属金文，而这个古墓中出土铜器上的"中山内府"字形接近汉隶。由此便可以断定该古墓的年代是西汉时期。随后，该古墓被命名为"满城汉墓1号墓"。专家根据墓中出土文物上的铭文以及古墓的恢宏程度进行了分析，最终确定墓主人为刘胜，此人正是中山国的第一代中山王、汉武帝同父异母的兄长。

在清理后室的时候，专家们发现了一些精美的青铜器、玉器等随葬品，这不由得让大家联想到了墓主人的身份。这样一位身份高贵的诸侯王，下葬时会不会穿着金缕玉衣呢？想到这里，众人加快了清理工作。果不其然，棺椁里面竟然出现了一件用金丝连缀着玉片且类似铠甲的东西——金缕玉衣。

同年8月，同一批考古工作者在1号墓的旁边发现了"满城汉墓2号墓"。这是中山国王后窦绾的墓。更令人惊喜的是，在这座墓中发现了另一件稍小的金缕玉衣。

中山靖王金缕玉衣现藏于河北博物院，属国家一级文物。整件玉衣全长1.88米，共有不同形状的玉片2498片，金丝重约1.1千克，整个造型与人体几乎一模一样。其上衣由左袖筒、右袖筒、前片、后片构成，裤子则由左裤筒、右裤筒构成。玉衣整体披金挂玉，每块玉片都有严格的规制，且每一片都需要抛光和钻孔，最后再用特制的金丝穿过玉片上的孔编缀起来。

金缕玉衣又叫"玉匣""玉柙",是汉代皇帝和贵族下葬时穿的殓服。古人相信玉不仅是财富和权贵的象征,还能让尸身保持不腐,穿上金缕玉衣下葬甚至可能让死者复活。

金缕玉衣

在距今2000多年前的西汉,要制作这样一件精美绝伦的金缕玉衣绝非易事,需要耗费大量的人力和物力。这件金缕玉衣不仅向世人展现了汉朝的强大财力,也让后人感受到了汉代匠人的精湛技艺。

六、渎山大玉海

　　玉瓮亭位于北京市北海公园团城内承光殿前的玉瓮亭中。亭中陈列着一件体形硕大的精美玉雕，吸引着世界各地前来观赏的游客。它便是被《国家人文历史》评为镇国玉器之首的渎山大玉海。

　　2004年5月，20多位国家级专家组成了一个鉴定委员会，齐聚北京市北海公园团城。他们对渎山大玉海做了详细的观察和研究，经过和标本进行对比，最终断定其材质为独山玉。这一鉴定结果揭开了700多年来渎山大玉海的材料之谜，也奠定了渎山大玉海在我国玉器中的重要地位。

　　独山玉是我国的四大名玉之一，因产于河南省南阳市的独山，故又称"南阳玉""独玉"等。独山玉的硬度高达6～6.5，与翡翠相当，因而又有"南阳翡翠"之称。独山玉的开采其实非常早，仰韶文化遗址中就有它的身影，殷墟遗址中也出土了 7 件用独山玉制作的玉器。

渎山大玉海现藏于北京市北海公园的玉瓮亭，属国家一级文物。大玉海高 70 厘米，口径 135～182 厘米，最大周长 493 厘米，膛深 55 厘米，重量约为 3500 千克，是用一块巨大的白、绿、紫、黑等多色玉石雕琢而成。其口部呈椭圆形，外壁则雕刻了一幅生动精美的画卷：汹涌的海浪中，龙、马、猪、鹿、犀等十几种动物穿梭其间，好像在奔走，相约共同前往龙宫参拜龙王。整幅装饰图案，仿佛一幅变相的万国朝拜图。

渎山大玉海是我国历史上出现得最早且重量最大的巨型玉雕。尽管它体形巨大，但器身上的雕琢却十分细致。工匠们极具巧思地利用了玉料本身的色斑，用黑白玉色呈现出波涛的起伏，使得整个画面更加生动灵活。

渎山大玉海是一件巨型贮酒器，由元世祖忽必烈命人制作，意为昭示元朝的版图辽阔、国力强盛。至元二年（1265 年）完工后，元世祖将渎山大玉海安置于琼华岛（今北京市北海太液池）上的广寒殿中。意大利旅行家鄂多立克在《东游录》中记载，"大玉瓮"中的酒是由宫中的管子所输送的，在玉瓮旁边摆放着很多金酒杯，想喝酒的人可以随意取杯饮用。

明朝末年，一场大火烧毁了广寒殿，也殃及了渎山大玉海。渎山大玉海被烧得浑身焦黑，玉石爆裂，面目全非。从那时起，它便被遗弃在瓦砾和荒草之中。之后不知怎么回事，遗落在西华门外的真武庙中，被不明其价值的道士用作了腌制咸菜的普通大缸，直到康熙年间才被发现。但当时清廷并未将其追回宫中，仍旧留在真武庙中。直到乾隆时期，乾隆皇帝用千金将渎山大玉海赎回到宫中，四年后又在承光殿专门为其建了一个玉瓮亭。

和诸多经历了战乱的文物相比，渎山大玉海算得上幸运。它躲过了八国联军的破坏，也逃过了日军的毒手。当年被乾隆皇帝遗留在真武庙的渎山大玉海原配石座也于20世纪70年代被移到了法源寺，算得上是我国玉器文物界的一大幸事。

七、青玉合卺杯

　　明代琢玉家陆子冈技艺高超绝伦，出自他手的玉簪、玉杯、花插等玉制品无不为人称赞。闻名于世的"子冈牌"便是因他而得名。

　　陆子冈（亦作陆子刚）出生于太仓州（今苏州太仓）的一个书香门第，早年在横塘的一家玉器作坊学习琢玉。明嘉靖十八年（1539年），学有所成的陆子冈在苏州接起了宫廷的活计，并开设了自己的作坊，在其作坊出品的器物上，均琢其名号"子冈"或"子刚制"。陆子冈在嘉靖到万历年间享有盛名，被后世的玉器制造从业者称为"琢玉业的祖师爷"。

　　陆子冈生活的明代中后期是苏州、扬州琢玉行业非常繁荣的时期，在这样的大环境下，诞生了不少的琢玉大师和玉雕精品。陆子冈的青玉合卺杯便是这其中的佼佼者。

　　青玉合卺杯现藏于故宫博物院，属国家一级文物。合卮杯通高 8.3 厘米，宽 13 厘米，口径 5.8 厘米，通体为青色玉质。杯子由两个圆筒杯连接而成，两个圆筒间镂雕了一个凤形杯柄，杯前是浮雕双螭。杯筒上、下各琢有一道装饰绳纹，给人一种用绳将双筒牢固捆扎在一起的感觉，两道绳纹之间雕刻有方形纹，其上刻着"万寿"两字。

此外，杯子的两侧刻有祝福美好婚姻的铭文，一侧杯身铭文为"温温楚璞，既雕既琢。玉液琼浆，钧天广乐"，杯口沿琢"合卮杯"，末尾署名"祝允明"（明代著名书法家）；另一侧杯身铭文为"九陌祥烟合，千春瑞日明。愿君万年寿，长醉凤凰城"，杯口沿琢有"子刚制"款识。在玉器上署作者姓名其实十分罕见，但青玉合卮杯有陆子冈的署名，反而提升了它的价值。

青玉合卮杯的制作结合了凸雕和镂空两种雕刻技法，不仅构造巧妙，而且纹饰精美，可以说代表了当时琢玉工艺的最高水平。在设计这款合卮杯时，陆子冈借鉴了古代合卮杯的造型和纹饰，并在此基础上融入自己的想法，对琢玉法进行了创新。

青玉合卮杯

合卺的"卺"指的是一种瓠瓜。古时候的人们将瓠瓜从中间劈开，挖空里面的瓤后当作水瓢用。这两个瓢被用于古代的婚礼，新郎和新娘在入洞房时各拿一个喝酒，因为瓠瓜味道很苦，所以寓意为新婚夫妻在将来的日子里能同甘共苦。这便是我们所熟知的合卺礼。《礼仪·士昏礼》中有载："妇至，婿揖妇以入，共牢而食，合卺而酳（yìn），所以合体、同尊卑，以亲之也。"

随着时代的发展和进步，人们的审美追求逐渐提高，用瓠瓜瓢喝合卺酒的方式逐渐被淘汰。战国时期出现了用竹、木雕成的双联漆杯，西汉时又有了青铜铸造的朱雀衔环杯，在出土金缕玉衣的中山靖王墓中也出土了一件精美的铜错金镶绿松石合卺杯。

雕刻于明代的青玉合卺杯以玉为杯身，以金饰为杯盖，暗喻金玉良缘，更是极具美好寓意。可以说，青玉合卺杯不仅是我国古代婚嫁传统的体现，更是一种蕴含传统文化的物质传承。

第五章

稀世之珍
——金银器

一、中华金银器文化

　　金银制品是一种常见的工艺制品，已经有数千年的历史，时至今日，它们仍被人们视为极有价值之物。可以说，几千年来金银器文化的影响深入了中华儿女的内心。

　　世界上最早的金器和银器分别出现于公元前5000年的埃及拜达里文化和公元前3000年的美索不达米亚乌鲁克文化。《尚书·禹贡》记载："厥贡羽毛齿革惟金三品。"其中，"金三品"指的是金、银、铜，可见大禹时期就已经将黄金作为贡品。我国在考古发掘中，发现的最早的黄金制品为商代的，距今已有3000多年的历史。而银制品则出现于稍晚一些的春秋战国时期。

　　今天，金银被我们看作财富的象征，这一点在古代亦然。除了作为货币，金银还可以通过各种工艺被加工成生活用具、服装饰物、宗教礼器、丧葬用品等。这些器具不仅种类繁多，而且工艺精巧。不过因为金银属于贵金属，它们真正被大量制作为实用器具还是在唐代以后。

最开始的金银器多为小巧的装饰品。到了秦汉时期，金银器作为一种不同于青铜器和铁器的独特体系开始繁荣，大多金银器由工匠们使用铸造和抛光等工艺制作而成。魏晋南北朝时期，南北方及异域文化产生了大碰撞，金银制品也显现出了极强的异域风情特色。

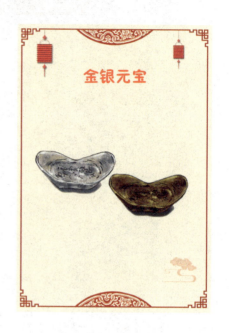

金银元宝

隋末至唐代，金银器的制造得到了空前的发展。金银器的种类有所增加，分为饮食器皿、装饰品、宗教用具等。此外，金银器的纹饰也得到了丰富和细化，具有浓郁的盛唐特色。值得一提的是，唐朝时期西方文化大量传入中原，西方的锤揲（yè）技法使唐代的金银器制作工艺进入了新阶段，浇铸、焊接、切削、抛光、镀金银、镂空等工艺开始被广泛使用。

到了宋代，金银器不再是皇室贵族的专属，民间女子也能用上金银打造的首饰，因而在风格上变得更加雅致、朴素。元代承袭了宋代金银器的样式，但在纹饰风格上更为繁复。明朝时期，金银器制作工艺达到了更高的水平。在装饰上结合了宝石镶嵌和点翠工艺，在工艺上则结合了玉器工艺、木艺和漆艺等，增强了金银器的美感和艺术性。到了清朝时期，金银器与珐琅、珠宝等相结合的复合工艺已经颇为成熟，金银器不仅更加精致华美，在皇宫中的应用也更加广泛，包括摆设、服饰、生活用具和祭祀用品等。

中国的金银器文化历朝历代都有着自己的风格，彰显了工匠们的智慧和国家的文化内涵，但总的来说，它们代表的都是中华儿女对美好生活的追求。

二、商金杖

20世纪50年代，考古工作者恢复了对三星堆遗址的发掘和研究。在长达几十年的考古工作中，这个规模庞大的古蜀文化遗址出土了大量古老文物，其中便有发现于三星堆一号祭祀坑的商金杖。

三星堆遗址是长江流域文明的母体，是迄今为止西南地区发现的古代遗址中范围最广、延续时间最长、文化内涵最丰富的古蜀文化遗址，距今已有3000～5000年的历史。三星堆遗址出土了大量的青铜制品，以及许多石器、陶器、玉器和金器，这些都是三星堆古蜀文化的重要组成部分。在出土的众多文物中，商金杖是中国迄今发现的商代金器中最大、最重和显示王权与神权的绝无仅有的稀世珍宝。其工艺之精湛令人叹服。

商金杖现藏于广汉三星堆博物馆，属国家一级文物。金杖长142厘米，平均直径2.3厘米，重463克。金杖并不是一根实心的金条，而是用金皮包裹住木杖制成的，经过漫长的时光，木杖已经炭化，只剩下外面包裹的金皮和些许炭化的木屑。

商金杖是利用锤揲工艺制造而成的。在三星堆出土的金器中，锤揲工艺经常和贴金、包金工艺结合使用。它属于锻造工艺。这种工艺无须将金属熔化，只需要利用某些金属（例如金、银）质地软、延展性强的特性，就可以把它锤打成我们想要的形状。包金就是将锤揲出的金片直接包覆住整个物体。因此，商金杖具有极高的艺术价值。

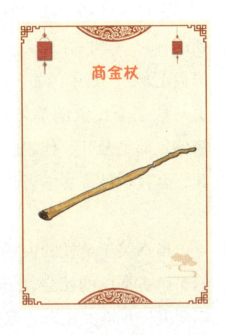

商金杖

商金杖的一端刻着长约46厘米的图案。图案分3组：靠近端头的一组刻着两个前后对称的人头像，他们面带微笑，头戴五齿巫冠，耳饰三角形耳坠；中部和下部的两组图案相同，上方是两只头部相对的鸟，下部是两条背部相对的鱼，鸟的颈部和鱼的头部被一根似箭翎的图案叠压着。

在夏商周时期，中原地区象征王权的是我们所熟知的青铜鼎。出土于三星堆祭祀坑的金杖无疑也是一种象征王权和神权的"王者之器"，这一点与中原地区的文化存在很大的差异，显示出了古蜀文明的地域特征。

金杖上的鱼和鸟图案，在学术界被普遍认为是鱼凫王朝的标志。李白在《蜀道难》中提到的"蚕丛及鱼凫，开国何茫然"，其中的蚕丛和鱼凫就是古蜀国最早的王，这也对应了金皮上的箭翎图案。有人认为箭状物图案不是箭翎，而是桑叶，代表的是教人桑蚕的蜀王先祖蚕丛。因此，金杖也被许多学者认为是古蜀国领袖用来祭祀天地的法器。

虽然关于金杖的内涵还未得出确切的说法，但它为我们了解古蜀国的社会、历史提供了宝贵的研究资料，对我们研究三星堆文化有着重要作用。

三、商周太阳神鸟金饰

金沙遗址是中国西南地区青铜时代遗址。它的发现不仅将成都的起源史提到了 3000 年前，还为我们揭示了古蜀文明的辉煌与成就。2001 年，考古工作者在金沙遗址中发掘出大量象牙、玉器和金器，其中最为有名的就是被《国家人文历史》列入九大镇国之宝的商周太阳神鸟金饰。

2001 年 2 月 8 日，位于四川省成都市城西苏坡乡金沙村的商周晚期古蜀国遗址被发现。考古工作者立即对此地展开了抢救性挖掘。为保证不遗漏任何一件文物，工作人员对这片遗址展开了地毯式搜索。

2 月 25 日，一块直径 10 多厘米的小泥砖出现在了工作人员的眼前。这块不起眼的泥砖里露出了一点金灿灿的东西，顿时引起了工作人员的兴趣。他们用竹片和毛刷小心翼翼地剥落泥块，取出了里面那个金灿灿的东西。出乎所有人意料的是，这竟然是一张被揉成团的金箔。工作人员找来工具，一点一点地将这张金箔展开，"飞鸟"和"太阳"的镂空图案出现在了众人眼前。这便是金沙遗址中具有代表性的文物之一——商周太阳神鸟金饰。

太阳神鸟金饰出土后，大量象征王权的玉器和金器也很快被发掘了出来。考古学家因此断定这件太阳神鸟金饰极有可能是商周时期举行祭祀活动时遗留下来的。

太阳神鸟金饰现藏于成都金沙遗址博物馆，属国家一级文物。2005 年 8 月 16 日，太阳神鸟金饰图案成为中国文化遗产标志。金饰整体为圆形，器身极薄，分为内、外两层，外径12.53 厘米，内径 5.29 厘米，厚 0.02 厘米，重 20 克。金饰内层的镂空图案中心是一个没有边栏的圆圈，周围等距分布着十二条顺时针旋转的齿状芒饰，芒呈细长獠牙状，外端尖，图案好似不停旋转的太阳；外层则等距分布着四只首足相接的逆时针飞行的鸟。金饰内外两层相互呼应，有一种极强的动感，仿佛四只鸟在围绕着太阳飞行，生动地再现了"金乌负日"的神话传说，同时也证实了太阳和太阳神鸟是古蜀国人民崇拜的神灵。

金沙遗址所在的古蜀国是世界上较早开采并使用黄金的部族之一。遗址出土的黄金制品有 200 多件，这些黄金制品与中原地区的金器大相径庭，有着古蜀国独特的风格。不仅如此，古蜀国的制器工艺也明显高于同时期其他地区，这一点从太阳神鸟金饰的制作上就能看出。

太阳神鸟金饰的含金量高达 94.2%。工匠先将自然金加热锻造成圆形，然后反复锤揲，使之成为厚薄一致的金箔，之后再剪去边缘多出来的地方，最终使其成为一个较为标准的圆形。金箔打造完成后，工匠在表面绘制出太阳和神鸟的图案，然后按照自己所画的图样用工具进行切割。当时的切割工具并不如现代这般锋利，因此镂空图案的边缘留下了反复刻画的痕迹。

太阳神鸟金饰在制作工艺上体现了古代工匠的精湛技艺和无限智慧，是我国历史文物中不可多得的艺术瑰宝。同时，太阳神鸟金饰蕴藏着丰富的历史文化内涵，具有重大的历史、艺术和科学价值，是研究商周时期古蜀先民金器制作工艺和古蜀文化的重要实物资料。

四、滇王之印

　　1956 年，云南省博物馆的考古工作者对云南省晋宁县（今昆明市晋宁区）的石寨山进行了第二次大规模的发掘工作，并从中清理出了一个被泥土包裹的正方形物体，这便是极具考古价值的"滇王之印"。

　　20世纪 50 年代，时任中国科学院院长的郭沫若先生和国家文物局局长郑振铎先生在出访途中路过昆明，他们来到云南省博物馆观看了在晋宁石寨山发现的青铜器。看到这些形制特别的青铜器，郭沫若先生陷入了沉思。半晌后，他询问工作人员：这些青铜器是否来自2000 多年前的古滇国？

　　郭沫若先生的话提醒了云南省博物馆的工作人员，这让他们对石寨山的发掘有了一个明确的目标，那就是寻找古滇国。云南省博物馆的工作人员在 1956 年再次对石寨山进行了发掘。在短短两个月内，他们便发现了 20 座墓葬，并从中清理出了大量的青铜器、金器、铁器、玉器、玛瑙、石器、陶器等文物。然而这些都不是本次发掘工作中最重大的发现。

在发掘工作即将结束的前一天，在清理 6 号墓棺底时，云南省博物馆的考古工作者孙太初发现了一个被泥土包裹的正方形物体。经过清理后，众人发现这竟然是一枚金印。这枚金印便是本次考古发掘工作的重大成果——滇王之印。

滇王之印现藏于中国国家博物馆，属国家一级文物。印面边长 2.4 厘米，通高 2.0 厘米，重 90 克。金印为全金质地，印纽和印身是分别铸成后焊接起来的，其底部用篆书凿刻有清晰有力的"滇王之印"四个大字。印纽为蛇形，蛇身盘踞，蛇头伸向右前方微微抬起，蛇身上的鳞片十分精细，看上去栩栩如生。

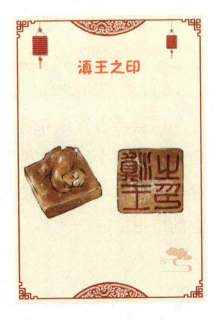

蛇的形象便是古滇国的一个象征。云南所处的地理位置潮湿多雨，因此常常有蛇虫出没。历史文献中有记载，

我国古代西南地区和东南沿海地区有拜蛇的习俗。这里的人们崇尚自然，这些生活在自然界且极具杀伤力的蛇就成了他们信仰的图腾。

滇王之印的出土解开了一个沉寂了 2000 多年的谜团，那便是司马迁在《史记·西南夷列传》中关于古滇国的记载是否是真实的。要知道，在考古学上这种出土文物和文献记载一致的案例并不多见。滇王之印向我们证实了一个史料，那就是西汉时期汉武帝曾在现在的晋宁地区设立过益州郡，中央王朝采用赐金印、委派官员等方式对边疆地区进行统治。《史记·西南夷列传》中记载：汉武帝元封二年，滇王尝羌降于汉，"汉赐滇王王印，复长其民。"可见，这枚"滇王之印"就是汉武帝授予滇王的身份象征。

结合考古发现和历史文献记载，专家推测古滇国大约出现于战国中期，消失于东汉中期。虽然古滇国早已不复存在，但这些在历史长河中沉睡了数千年的文物，却成为它的历史见证。

五、唐鎏金银香囊

用金银制作器物，在我国至少有 3000 年的历史。到了唐代，唐王朝的强盛使东西方文化交流变得密切，金银器的制作也空前繁荣。此时的银器体型优美，纹饰生动、精细。1963 年陕西省西安市出土的鎏金银香囊更是其中的佼佼者，展现了唐代精湛的工艺。

1963 年，陕西省西安市东南郊沙坡村出土了 15 件唐代银器，有熏炉、碗、壶、杯子、粉盒等。这些银器发现的地点位于唐兴庆宫遗址正南方 1.5 千米左右。专家根据位置，结合银器的形制、纹饰和工艺推断，这些银器均为唐代遗物，且极有可能是唐玄宗逃避战乱时埋入地下的。这些因战乱而被埋入地下的唐代珍宝，时隔千年终于重见天日。

我国的银制品制作工艺发展到唐代已经十分成熟。由于受西域文化的影响，唐代的银器有着非常鲜明的特色。在西安沙坡村出土的这 15 件银器极具观赏性，其中最具代表性的是鎏金银香囊。

鎏金银香囊现藏于中国国家博物馆。香囊直径约 4.8 厘米，高 5.1 厘米。这个鎏金银香囊不同于我们所熟知的用锦缎缝制的小香包，通体为银制，外层运用了鎏金工艺。

鎏金银香囊由上、下两个半球组成，用子母口扣合。下半球内装有两个同心圆机环和一个盛放香料的香盂。大的机环与外层球壁连接，小的机环分别与大机环和香盂相连。球体上部有一根链条，链条末端有一个小弯钩，方便悬挂。香囊通体雕有花鸟镂空纹饰，不仅美观，还能使内部的香气透过镂空散发出来。这种香球不仅可以放置于被褥之中，还可以悬挂在床梁上或戴在身上。

在古代，香囊是一种十分受欢迎的饰品，它的作用相当于我们今天的香薰。当然，现如今香囊也没有完全消失在我们的生活中。香囊除了作为饰品，还有祈求平安、辟邪、驱蚊之类的作用，因此，在端午节等传统节日里，许多地方还有佩戴香囊的风俗。

不过，鎏金银香囊最特别的地方还在于它的内部结构。虽然香囊的外壳为圆形，但由于里面香盂本身的重力作用和两个同心圆机环的机械平衡，所以无论香囊如何滚动，里面的香盂都可以保持水平状态，香料也不会倾撒出来。

鎏金银香囊从巧妙的设计再到精湛的制作工艺，都体现了大唐手工业技艺的登峰造极。这让我们在观赏古代文物的同时，也能感受到古代匠人超凡的智慧。

六、金瓯永固杯

清咸丰十年（1860年），英法联军进攻北京，占领了圆明园。圆明园被焚毁，大火连烧三日，园中数以百万计的珍贵文物惨遭侵略者洗劫。在这些被洗劫的文物中，就有金瓯永固杯。

金瓯永固杯是由皇帝钦点御制的，具有特别意义，被清朝皇帝视为珍贵的祖传器物。作为北京故宫小型珍品里的镇馆之宝，它被誉为"中国乃至世界金银器史上的巅峰之作"。

金瓯永固杯一共有四只，其中三只为金质，一只为铜鎏金。清乾隆四年（1739年），乾隆命造办处制作一只金杯，命名为"金瓯永固"，第二年再次下旨要求制作一对。嘉庆二年（1797年），乾隆因金瓯永固杯受损再次下令重铸一只。至此，四只金嵌宝金瓯永固杯全部问世。但经历战乱后，四只金杯流离失散，现分别藏于故宫博物院（一金，嘉庆二年造）、中国台北故宫博物院（一金，乾隆年间造）和英国伦敦华莱士博物馆（一金，一铜鎏金，乾隆年间造）。

这三处的金杯各有不同。故宫博物院的金瓯永固杯高 12.5 厘米，口径 8 厘米。杯子呈鼎状，通体为金制，杯子口沿錾一圈回纹，一面中部錾篆书"金瓯永固"，一面錾"乾隆年制"；杯体外壁錾宝相花，花蕊以珍珠及红、蓝宝石为主；左右两侧各有一条变形龙耳，龙头上有珠；底部的三足均为象头，象耳略小，

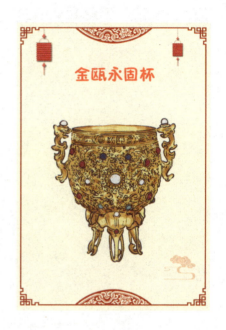

但象牙和象鼻都较长，长长的象鼻微卷以做杯子的支撑。其实这只金瓯永固杯本应该是翠色，由于点翠的羽毛掉落，故外观整体上呈现出金色，仅有部分翠色依稀可见。

中国台北故宫博物院藏金瓯永固杯高 12.5 厘米，口径 8 厘米，足高 5 厘米。杯体由八成金制成，杯身上镶嵌有珍珠、红蓝宝石及粉色碧玺，十分华贵。华莱士博物馆藏鎏金铜杯杯身两侧花朵数量不一，一侧 8 朵，一侧 10 朵，而其他三个杯子两面花朵数量相同，均为 13 朵。

金瓯永固杯为清宫内皇帝专用的饮酒器具，是乾隆皇帝为祈求江山社稷平安永固而设计制造的，见证了国家的繁华与混乱、苦难与复兴。希望这四只极具文化和艺术价值的金瓯永固杯能早日在故宫博物院重聚。

七、乾隆金发塔

清乾隆四十二年（1777年）正月二十三日，乾隆的生母崇庆皇太后病逝。乾隆十分悲痛，为表达哀思，他命人制作了一座黄金塔来收藏母亲梳头时掉落的头发。这座塔便是乾隆金发塔。

保留先辈的头发，是人们寄托哀思的行为。相传，释迦牟尼圆寂后，他的信徒们便建造了十座佛塔存放其遗物，其中一座就是发塔。乾隆的母亲病逝后，为了表达哀思，乾隆也命人制造了一座形制精美的金发塔。塔中不仅保存了他母亲的头发，而且放有她生前礼佛时所用的那尊无量寿佛。

金发塔现藏于故宫博物院，是一件花费巨大的稀世珍宝。塔高147厘米，底座规格为70厘米×70厘米，由下盘、塔斗、塔肚、塔颈、塔伞及日月6个部分组成。塔身共有13层，每一层都密密麻麻地雕刻着梵文佛经，这在当时属于顶级规格的设计。金发塔造型高峻而灵巧，纹饰精美，各层均嵌有绿松石、珊瑚等珠宝，装饰上可以说是极尽奢华。

塔身正中为安欢门，塔肚内放置一尊无量寿佛，供佛后置一金匣，金匣中盛放的便是皇太后的头发。金匣正面饰有六字真言，匣墙有八吉祥纹饰，下配白檀香木座。塔下承以紫檀木莲花瓣须弥座，塔座前正板上贴有"大清乾隆年敬造"款。

一般的佛塔底座都是用名贵的木材制作而成，而金发塔最与众不同的是底座也是金制的，分为重叠且厚重的三层，可见其黄金用量相当可观。此外，金发塔的制作工艺为盘纹焊接和锤胎錾花，造型稳重、独特，纹样端庄、优美，这也反映出乾隆时期的金属工艺已经达到了极高的水准。

乾隆金发塔

建造金发塔时，为了放进无量寿佛，发塔的规格就必须做大，因此原本准备的1300两黄金就不够了。对此，负责督办发塔制造的大臣福隆安提出，将内务府广储司的存金和寿康宫大大小小的金器全部熔化用来造塔。但这两项加起来，也只得到了 940 多两黄金。事已至此，福隆安只好启奏乾隆请求使用一部分白银。乾隆考虑再三，最终只得同意。据记载，金发塔名义上动用了 3000 多两黄金，实际上有 700 两是白银。因此金发塔的含金量大约为 70%。

整座金发塔的设计样式为乾隆亲自决定，由清宫造办处花费了 3 个多月的时间紧急赶制出来。这不仅是一件承载孝心的发塔，其精巧工艺和繁复纹样也体现了中华文明中的艺术之美，不愧为惊艳世界的国宝级金器。

第六章

其他
传世国宝

一、秦石鼓文

唐朝初期，十块刻有神秘文字的大石头在凤翔府陈仓山（今陕西省宝鸡市石鼓山）的北坂被发现。这些石头上的文字就是石鼓文，为我国九大镇国之宝之一。

唐贞观元年（627年），一个牧羊老人在陈仓山放羊时发现了十块体形似鼓、十分怪异的大石头。待这些大石头上的泥土被清除后，让人惊奇的事发生了：石头上竟然刻着许多无人能识的奇异文字。

这一消息很快便流传开来，人们将其视为刻着天书的神赐之石，不仅普通民众争相前来祭拜，文人墨客也慕名前来。这些人拓下石头上的文字，希望能找到名家解开上面的秘密，但这一谜团一直未能解开。

"安史之乱"爆发后，在雍城躲避战祸的唐肃宗将陈仓山上的石鼓运至雍城，但在短短数月后便因出逃而将石鼓草草掩埋在荒野。直至元和九年（814年），时任凤翔府尹的郑余庆上奏朝廷，希望妥善保管石鼓，这才将埋于荒野的石鼓运到了当地的孔庙。可惜的是，石鼓上面的文字已被侵蚀得残缺不全，其中一块石鼓也遗失了。然而石鼓颠沛流离的命运并未就此终结。之后凤翔孔庙遭到焚毁，庙中的石鼓也被人盗走。

北宋时，凤翔知府司马池（司马光之父）听闻了石鼓的事情，便想将其献给热爱书画的宋仁宗。几经周折，他找到了九块石鼓，但最早遗失的那块怎么也找不到。于是司马池找人用相似的石料伪造了一块石鼓，硬是凑成十块，献给了宋仁宗。宋仁宗很快就识破了那块伪造的石鼓，司马池也因此而获罪。佚失的那块石鼓最终被金石收藏家向传师在一个屠夫的家中找到。得以聚齐的十块石鼓在之后的数百年间经历了无数战乱，最终被运回北京。

石鼓现藏于故宫博物院石鼓馆，共有10块，每块高约90厘米，直径约60厘米。石体圆而见方，上小下大，中部微微凸起，形似一个鼓。篆刻其上的文字也因此而得名"石鼓文"。每一块刻石都刻有大篆四言诗一首，共计10首。

石鼓文是中国现存最古老的石刻文字。石鼓文的字体上承西周金文，下启秦代小篆，在我国的书法史上起着承前启后的作用。据考，石鼓文字原有654字（一说

718 字），现在尚存的可辨识者仅 200 余字。石鼓文的字体多为长方形，笔触古朴雄浑，庄重而又富有气势，在整体布局上虽逐字独立，但字与字之间却有着偃仰离合之势。

关于石鼓文的内容，最早被认为是记述秦王狩猎的场面，由于讲述的多为渔猎之事，因此石鼓文又被称为"猎碣"。石鼓诗通过对秦的建立、立国、发展、创立帝业这一发展历程的描述，颂扬了秦的重大历史事迹。

秦石鼓文不仅是书法艺术的瑰宝，更是中华文化的重要组成部分。它见证了朝代的更迭和岁月的变迁，承载着深厚的文化记忆。

二、西汉直裾素纱禅衣

1972 年，人们在位于湖南省长沙市东郊浏阳河旁的马王堆乡发现了一座保存完好的西汉古墓——马王堆汉墓。汉墓中出土了大量珍贵文物。马王堆一号墓中出土的织绣物品中，一件薄如蝉翼的素纱禅衣极具代表性，这便是西汉直裾素纱禅衣。

1971 年底，湖南省长沙市马王堆乡开始了地下医院建设工程。但施工过程一直不顺利，不仅经常遇到塌方，而且还有不明的呛人气体从钻孔里冒出来。有人用火点燃气体后，竟冒出了一股蓝色火焰。在众人都感到疑惑不解时，湖南省博物馆（今湖南博物院）的侯良却意识到，地面下极有可能有一座古墓。

1972 年，中国科学院考古研究所联合湖南省博物馆对此地展开了考古调查。马王堆一号墓很快便被发掘出来。专家对出土文物进行考证后，最终断定墓主人名叫辛追，是西汉初期长沙国丞相利苍的妻子。

值得注意的是，墓葬采用了白膏泥做保护。白膏泥具有极强的防腐作用，能有效地阻绝墓室内外的水汽，对整个墓室起到了良好的封闭作用。这也使得马王堆一号墓出现了一大奇迹——千年不腐的辛追夫人湿尸。除此之外，墓中的大量随葬物品也因这封闭的环境而得到了很好的保存，其中就有直裾素纱禅衣。

西汉直裾素纱禅衣现藏于湖南博物院，属国家一级文物。禅衣长128厘米，通袖长195厘米，袖口宽29厘米，腰宽48厘米，下摆宽49厘米，整体重49克，若是除去袖口和领口，重约25克。禅衣为交领、右衽、直裾，制式类似于汉朝时期所流行的上下衣裳相连并用不同色彩的布料作为边缘的深衣。整件衣服以素纱为料，轻薄如同蝉翼。

关于素纱禅衣的穿法，至今还没有定论。有人说是套在华服外面，这样里面的衣服若隐若现，衬托出锦衣的华美和尊贵；有人认为，其衣袖窄小，而当时的贵妇人地位越高，锦服的袖子越宽大，禅衣无法套在锦服外面，所以它是古人的内衣；也有人认为，它是古代女子出嫁时套在婚服外面的罩衫。

素纱禅衣布料的织法为以一组地经和绞经共同完成，在织造时绞经在地经左右摆动，每织入一根纬线，绞经都需要变换一次位置。这样织出来的纱，孔眼均匀、经纬密度较小，不仅轻盈，而且具有良好的通风性。西汉直裾素纱禅衣最大的特点是轻薄，在制造过程中采用的是四组经丝，包括两组地纹经、一组底经及一组较粗的绒圈经；衣料密度稀疏，经线密度为每厘米 58 根，纬度密度为每厘米 40 根。

湖南博物院曾复制了一件素纱禅衣，但制作出来的成品重达 80 多克。经过研究分析，专家们意识到丝织物的重量取决于蚕丝的重量，而现代的蚕因为体形比古代的蚕更加肥硕，所以吐出来的蚕丝也更重。为了得到一件贴近西汉直裾素纱禅衣的成品，专家们耗费了 13 年的时间，终于利用控制住体量的蚕制成了一件 49.5 克重的素纱禅衣。

西汉直裾素纱禅衣是世界上现存的年代最久远、保存最完整、制作工艺最精细且重量最轻的一件衣物。它展现了汉代高超的织造工艺水平，是我国服饰史和织物史上的不朽佳作。

三、陆机《平复帖》

1956 年，收藏鉴赏家张伯驹先生和妻子共同决定，将重金购得的一幅西晋草隶书法作品捐献给国家，这便是由陆机创作的《平复帖》。

西晋文学家、书法家陆机，因其"少有奇才，文章冠世"而被称为"太康之英"。他所作草隶书法作品《平复帖》是迄今为止年代最为久远且真实可信的西晋名家书法真迹。

唐朝末年，《平复帖》由收藏家殷浩收藏，后流出。宋朝时辗转至宰相王溥手中，在王家保存三代后又被卖给了李玮。李玮去世后，《平复帖》流入了宋御府。到明朝万历年间，《平复帖》又历经韩世能、韩逢禧父子和张丑之手。

清朝年间，它再次经葛君常、王济、冯铨、梁清标、安岐等人之手后进入乾隆内府，后被乾隆皇帝赏赐给了十一子成亲王永瑆。不过《平复帖》的"递经生涯"并未就此结束。光绪年间，它为恭亲王所有，之后恭亲王之孙溥儒为筹集父母的丧葬费用，将其以高价卖给了张伯驹。1956年，张氏夫妇将其捐献给了国家，这幅《平复帖》才终于拥有了一处安稳的栖息之地。

《平复帖》现藏于故宫博物院，是我国九大镇国之宝之一。其纵长23.7厘米，横长20.6厘米，材质为麻纸。此帖书写于西晋时期，距今已有1700余年的历史，正文有9行，共计84个字。其内容为作者写给生病友人的一封书信，因内容中有"恐难平复"四字，这幅书法作品因此得名《平复帖》。

陆机《平复帖》

《平复帖》是陆机用秃笔（笔尖脱毛的旧毛笔）在麻纸上写成的，这使得入笔处不露锋芒，很好地诠释了古人的"藏锋"之说。但仔细观察，又能发现他在入笔和收笔处有细尖，整体呈现出一种不露锋芒却又锐气不减的风格。陆机的草书率性恣意，整幅《平复帖》不仅字势多变，而且字的构件位置错落有致，使得整个作品更加生动奇趣。

　　《平复帖》之前的章草多为碑刻，但碑刻无法体现墨法的变化。而《平复帖》作为书法史上传世作品中最早的墨迹本，很好地向我们展示了自然的墨法变化。它作为章草的代表作，有着晋朝人所特有的淳朴自然风格，但也带有一丝居延汉简的气质。陆机将章草书的横展笔势变为纵引，而这正是从章草向今草过渡过程中字与字之间连带的关键。《平复帖》上承汉简，下启今草，见证了一段精彩的书法演变历史。

　　《平复帖》是世界上第一件流传有序的法帖墨迹。它为研究中国书法的历史演变提供了极具价值的参考资料，在中国书法史上具有极为重要的地位。

四、颜真卿《祭侄文稿》

1949 年，国民党军队全线溃败，国民党政府濒临垮台。蒋介石将抗战中转运至南方的大部分故宫珍贵文物运往台湾，其中便有颜真卿的《祭侄文稿》。

唐天宝十四年（755 年），安禄山、史思明起兵造反，"安史之乱"爆发。一时间，河北的郡县大都被攻陷，而平原郡太守颜真卿防守严密，坚决抗击叛军。当时颜真卿的堂兄颜杲卿在常山任太守，他得知颜真卿的消息后，便派遣三子季明与之联络，共同起兵抗击叛军。

不久，颜杲卿就与颜真卿等率军民合力夺回了河北的大片土地，形势一时好转。安禄山闻河北有变，就派遣史思明回兵常山。第二年正月，常山被叛军攻陷，颜杲卿在城破后被俘，与三子颜季明先后被杀害。经此一战，颜氏家族有 30 多人遇难。

叛乱平定后，颜真卿让侄儿颜泉明到河北寻访颜杲卿父子的遗骨和流散的家人，但仅在常山寻得颜季明头骨。颜真卿看到颜季明的头骨，想到堂兄满门忠烈，"父陷子死，巢倾卵覆"，顿时悲痛欲绝，情不自禁，一气呵成写就《祭侄文稿》。

《祭侄文稿》全称《祭侄赠赞善大夫季明文》，现藏于中国台北故宫博物院。其横长 75.5 厘米，纵长 28.3 厘米，书法类型为行书。文稿 23 行，共计 234 字，追述了颜杲卿、颜季明父子二人顽强抵抗安禄山叛军和舍身成仁之事。

《祭侄文稿》与东晋王羲之的《兰亭集序》、北宋苏轼的《黄州寒食诗帖》并称"天下三大行书"。《祭侄文稿》在中国行书中列位仅次于王羲之的《兰亭集序》，但由于《兰亭集序》真迹已佚，《祭侄文稿》便成为如今我们可见的"天下第一行书"。

《祭侄文稿》通篇情绪激昂，整幅作品的错误甚多，甚至多处出现了渴笔修改的痕迹，可见颜真卿在书写过程中极度悲愤，行笔速度极快且无暇注意墨色的变化。但正因如此，我们才能从其笔墨中感受到颜真卿内心的真挚情感，这在整个书法史上都是罕见的。

此外，《祭侄文稿》在结构上打破了晋唐以来结体茂密、字形稍长的飘逸之风，形成了一种宽朗舒展、外紧内松、气势凛然且多为横向延展的体势。线条上，颜真卿摒弃了晋唐以来以内擫法来表现遒劲方刚之气的习惯，而改用外拓法，其特点为笔法圆转，笔锋内含，力透纸外，线条遒劲而舒和。

观其章法可以发现，《祭侄文稿》通篇字距、行距十分随意，它们时而密集，时而疏远，整体灵活生动而又浑然天成。整篇文稿的内容不到 300 字，整个书写过程中仅蘸墨 7 次，最后蘸墨一次写下了 53 字，留下了干枯压痕。这样的墨法虽看起来杂乱无章，但恰好和颜真卿当时的悲痛心情达到了高度的和谐统一。

在书法创作中，直抒胸臆是第一难事。《祭侄文稿》以真挚情感主运笔墨，是作者精神和平时功力的自然流露，而这也正是它的价值体现。

当代书法家苏士澍曾评论此稿："此帖虽是草稿，但通篇书法气度非凡。颜真卿以沉着健劲的笔力，丰腴开朗的气度，纵笔豪放，一泻千里，沉痛悲愤之情，溢于笔端。"《祭侄文稿》不只是一件书法作品，它向世人展示了作者高超的书法技艺和"人如其字"的刚正作风，同时也向世人讲述了一段战乱中的悲痛故事。这使得《祭侄文稿》成为我国书法史上艺术价值和史料价值兼具的墨迹原作。

五、韩滉《五牛图》

2019 年,《回归之路——新中国成立 70 周年流失文物回归成果展》在中国国家博物馆开幕。本次活动共展出《伯远帖》《五牛图》《潇湘图》《祥龙石图》等 600 余件海外回归的中国文物,其中《五牛图》吸引了众多参观者的目光。

1900 年,八国联军洗劫了北京城,此中流出国门的诸多珍贵文物中就有韩滉的《五牛图》。1950 年初,周恩来总理收到一位香港爱国人士的来信,信中说《五牛图》近日会在香港出现并被拍卖,希望政府能够出资收回国宝。

《五牛图》有了消息虽为一件好事,但当时的要价高达 10 万港元,这对于刚刚成立的中华人民共和国来说是一笔巨大的开销。可面对流失在外的国宝,再困难也要收回。于是,周恩来总理果断地向文化部下达了批示,让他们组织专家立刻赶赴香港。《五牛图》经鉴定为真迹，后双方经过多次交涉，最终以 6 万港元成交。历经波折后终于回到故宫的《五牛图》已经破旧不堪，故宫博物院立即组织专家，用了几年时间才将它修复完好。

《五牛图》现藏于故宫博物院，整幅画卷纵长 20.8 厘米，横宽 139.8 厘米，是流传下来的少数唐代绘画作品真迹之一，也是现存最古老的纸本中国画。《五牛图》的作者为韩滉，他是唐朝中期著名的政治家和画家，擅长画人物、田园风俗景物，以及牛、马、羊、驴等动物。《五牛图》是他现存于世的唯一作品，亦是其描绘牲畜的精妙技法之代表。

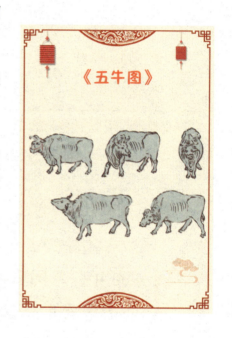

此图为手卷式组画。韩滉运用左右对称的形式架构出整幅图，他以中间的青牛作为画面中心，在其两边各安排两牛形成左右对称的延伸布局。这五头牛既相互联系又各自独立，整体结构上非常和谐、统一。有专家考证，《五牛图》中的五头牛其实暗喻韩滉及其兄弟五人。韩滉利用牛勤恳任劳的特性来表达自己及其兄弟的忠君思想。

图中所绘的五头牛，或行，或立，或俯首，或昂头，姿态各异，惟妙惟肖。最难得的是，画面上没有任何背景作衬托，就完全将牛的造型凸显了出来，这需要极其细致的观察以及对造型的强大掌控力。韩滉对牛的线条勾勒十分简洁，但对筋骨的转折画得十分到位，很好地表现出了牛的强健、沉稳。此外，他还对牛的眼睛、鼻子、皮毛等进行了细致入微的渲染，使得整个画面更加生动逼真。《五牛图》的用色也很有特点，深褐、黄、黑、白等都是最典型的牛的毛色，虽然用墨偏淡，却仍然给人一种多彩的感觉。

《五牛图》笔法细腻，所描绘的五牛形象生动传神，极具韩滉本人的绘画风格。我国的古画作品多以花鸟人物为绘画主体，《五牛图》是留存至今为数不多的以牛入画的作品，这使其艺术价值更加难以估量。

六、顾闳中《韩熙载夜宴图》

在我国十大传世名画中，有一幅描绘千年前"超级派对"的作品。这幅画作凭借其细腻的画风和背后隐藏的奥秘吸引了许多人的目光。这便是顾闳中的《韩熙载夜宴图》。

9 67年，南唐的最后一任国君李煜即位，他任命韩熙载为吏部侍郎、兼修国史。韩熙载满腹才华、文名远扬，但性格极其狂傲，曾因改铸钱币之事和宰相严续争论于御前，还在李煜纳小周后时于宫宴上作诗讽刺。

李煜生性仁厚，并未对韩熙载加以惩治，并因其才华出众想要拜他为相。但彼时宋朝对江南地区虎视眈眈，而南唐的国力依然衰颓，在这样的情况下韩熙载根本无法施展政治抱负，于是他只能纵情于声色，来躲避"升职加薪"。李煜"颇闻其荒纵，然欲见樽俎灯烛间觥筹交错"，于是便派遣当时的著名画师顾闳中到韩熙载府中探查其私生活是否如传言一般。

顾闳中是南唐时期的著名人物画家，尤其擅长描绘人物的神情意态。他凭借超强的洞察力和记忆力，将在韩熙载家中的所见所闻绘于纸上，通过精妙构图和细腻画风完美地呈现了一幅夜宴场景。

《韩熙载夜宴图》现藏于故宫博物院，但这幅名画的真迹已经佚失在浩瀚的历史长河中，现在我们所见的是南宋的摹本。画卷为绢本设色，横长335.5厘米，纵长28.7厘米。《韩熙载夜宴图》没有落款，前"隔水"（为了使天头、引首和画心不致紧接在一起而相隔的镶条）只有南宋人的一段残题"熙载风流清旷，为天官侍郎……"20字。后面则是清代王铎题跋，以及"董林居士""纬萧草堂画记"等收藏印，并有乾隆皇帝的长跋和清内府诸收藏玺印。

除前面提到的《五牛图》外，《韩熙载夜宴图》与《洛神赋图》《清明上河图》《富春山居图》《汉宫春晓图》《百骏图》《步辇图》《唐宫仕女图》《千里江山图》并称"中国十大传世名画"，在中国美术史上具有不可撼动的地位。

《韩熙载夜宴图》采用了以屏风分割画面的方式将全卷分为5段，即5个场景，使整幅画的构建极具美感。

画卷中的 5 个场景分别为"听乐""观舞""小憩""清
吹""送客"。

第一段"听乐"描绘的是留长须、戴高帽、身披黑袍
的韩熙载坐于榻上，与其他宴客及侍女共同欣赏艺伎的琵
琶独奏；第二段"观舞"描绘的是韩熙载击鼓为宠妓王屋
山的舞蹈伴奏，其中有一位神情尴尬的和尚，他背对着舞
伎，只看韩熙载击鼓；第三段"小憩"描绘的是韩熙载坐
在床榻上休息，他一边净手一边和侍女说话，整体氛围轻
松又欢乐；第四段"清吹"的画面中，韩熙载解衣盘腿坐
在椅子上，欣赏着五个歌女合奏；最后一段"送客"则描
绘了宴会结束宾客散去的场景，韩熙载站在两组宾客之
间，左手呈摆手状向他们告别。

顾闳中在绘制画卷过程中运用最多的是"铁线描"，
线条细密而有力，画面在设色上也颇具画师本人的绘画特
色。虽然色彩浓烈又稳重，但通过比例透视之法仍能突出
人物重点，体现了极高的工笔重彩水准。

《韩熙载夜宴图》的成画初衷是一张"政治考察图"，
但因其较强的写实性，又为后人提供了极大的古代绘画、
传统服饰和人文生活研究价值。

七、宋真珠舍利宝幢

1978年，位于江苏省苏州市西南隅盘门内的瑞光塔三层的一个地洞中发现了一个"黑箱子"，而这里面放置的就是沉睡了千年之久的国宝级工艺品——真珠舍利宝幢。

1978年4月12日，三名小学生到瑞光塔掏鸟窝。他们爬到第三层时，其中一个孩子摸到了一块松动的塔心砖。三人挪开了沉重的砖龛，发现下面竟然有一个黑乎乎的地洞。一些微弱的光亮透过墙壁上的小洞照了进去，他们看到地洞里竟然有一个"黑箱子"。

瑞光塔始建于三国吴赤乌十年（247年），原为普济禅院舍利宝塔，十三级。北宋宣和年间（1119—1125年）重修时改为七级，因塔上常放五色祥光，改名为瑞光塔。塔朝向正东方，平面呈八角形，是一座七级八面砖木结构楼阁式古塔。这座具有悠久历史的古塔中突然发现这么一件

"黑箱子"，自然引起了文物考古所工作人员的注意。闻讯而来的专家立即对"黑箱子"展开了研究。

专家们打开"黑箱子"后，发现里面装有一个用银杏木制作而成的内木函。内木函的四面绘有持国天王、增长天王、广目天王、多闻天王这"四大天王"的彩像，内壁上写着"大中祥符六年"（1013年）。不过真正珍贵的是外木函上所写的"瑞光塔第三层塔内真珠舍利宝幢"。木函被打开后，里面果然放着一件异常夺目的宝幢。

宋真珠舍利宝幢现藏于苏州博物馆，是苏州博物馆的镇馆之宝。宝幢高122.6厘米，主体为楠木结构，分为须弥座、佛宫、塔刹三个部分。

宋真珠舍利宝幢

须弥座为八角形，下有双层方涩，向上弧状收束。中间分置银狮、半圆雕供养人及木狮。须弥座上周置勾栏，内作大海，须弥山从中耸起，一条满身缀珠的九头龙在山与海之间盘旋。海面升起八朵木制祥云，云头分别站着木雕四天王、四天女。

佛宫在须弥山的顶部，宫外有天众、龙众、夜叉、乾闼婆、阿修罗、迦楼罗、紧那罗和摩呼罗迦八大护法天神，宫内为碧地金书八角经幢，并以真、草、隶、篆书阴刻填金七佛之名及梵语"南无摩诃般若波罗蜜"。

经幢的中间还有一只用来供奉舍利子的葫芦状瓷瓶，以及两张雕版《大隋求陀罗尼咒经》，其左边款有"长洲知县王允己、节度掌书记刘庶几、吴县令班绚、吴县主簿李宗道、权知白州郭用之、相州观察同植、内品监税李德崇、进士郭宗孟"；右边款有"知苏州军州事张去华、通判军州事查陶、监苏州酒务张振、监税李德谟、判官厅事崔端"。这些铭文中记载的名字是研究宝幢供奉人的重要依据。

幢顶的佛龛内置一尊木雕跃坐佛祖像。佛宫外有八根殿柱，柱上承八角形斗拱梁房殿顶及戗角。殿顶又设漆龛，内盛金质宝瓶。华龛上罩一八角形金银丝串珠华盖，盖上有鎏金银丝编小龙8条。而刹在华盖的上部，刹顶还有一颗两侧用银丝缠绕的水晶球，寓意"佛光普照"。

整个宝幢在装饰时用了水晶、玛瑙、珍珠、琥珀、檀香木、金和银7种材料，整体看上去恢宏又华丽。除此之外，宝幢的制作工艺有10多种，包括玉石雕刻、金银丝编制、檀香木雕刻等，这些工艺将各自独立的宝幢部件巧妙而和谐地结合在了一起。整座宝幢可以看作北宋时期苏州发达手工业的技术合集。

宋真珠舍利宝幢不仅向我们展示了繁复精细的艺术之美，同时也是我们研究佛教历史的重要实物资料。

八、永乐宫壁画

永乐宫始建于 1247 年，1358 年竣工、历时 111
年。是为纪念吕洞宾而修建的一座道观。观中举世
罕见的元代壁画是中国绘画史上难以超越的杰作。

20世纪 50 年代，国家要在芮城县西南的黄河北岸
修建三门峡水库工程，这样一来，永乐宫将被划
入淹没区。

永乐宫是我国现存最早、最大和保存最完整的道教宫
观，它的修建工期几乎贯穿了整个元代，其主要建筑有龙
湖殿、三清殿、纯阳殿、重阳殿等。这座恢宏建筑本身就
是极具价值的古代建筑，但比永乐宫更具艺术价值的是其
大殿内的精美壁画。

不管是宫观还是壁画，都是价值不可估量的国宝，因
此断不能任凭其沉入水库之中。于是国务院决定将永乐宫
及其壁画全部迁移至芮城县北龙泉村五龙庙附近复原保

存。将一座占地 80000 多平方米的宫殿原地迁移，简直是一项巨大工程。但为了保护文物，任务再艰巨也一定要完成。

专家们经过精密研究和慎重讨论，最终决定通过临摹、揭取、粘贴三步来完成对壁画的转移。但这些壁画经历了数百年的风雨侵蚀，表面已经非常脆弱了，于是只能采取分块揭取的方法。经过近五年的努力，永乐宫被全部迁移到了芮城县北，重新贴上的壁画切缝细到难以辨认，整个工程更是堪称奇迹。不仅如此，永乐宫的成功搬迁也为之后我国的文物迁移保存工作提供了有效范本。

永乐宫壁画现藏于山西省芮城县内，属国家一级文物。壁画共有 1000 平方米，分别位于三清殿（又称"无极殿"）、纯阳殿和重阳殿中。三清殿作为主殿，殿内的壁画遍布四壁，高 4.26 米，全长 94.68 米，面积 403.34 平方米。整幅壁画场面浩大、气势恢宏，画面以八路主神为中心，四周围以金童、玉女、吏役、帝君、二十八宿、仙侯、仙伯、青龙君、白虎君

等近 300 个天神。难得的是，每个人物各有神采，表情生动，绝无雷同。因所绘内容为道府诸神朝谒元始天尊，故而又被称为"朝元图"。

纯阳殿内的壁画是八仙之一的吕洞宾从出生到成仙的连环画故事，共计 52 幅，整幅壁画的人物描绘极为细致。重阳殿内壁画的表现方法与纯阳殿中的壁画如出一辙，用 49 幅连环画讲述了王重阳一生的经历。富有生活气息的画面真实地反映了元代百姓的生活状态，具有极高的历史研究价值和艺术价值。

永乐宫壁画承袭了唐代及宋代的绘画艺术特色。三清殿壁画中的笔法十分细致考究，在绘制云鬟、虬须时，画工会在靠近皮肤的地方下笔尖细，在毛发向两侧散去的同时使线条更粗、更淡。这种使人物须发宛如从皮肤中生长出来的逼真画法叫作"毛根出肉"。而这也证明永乐宫壁画沿袭了以吴道子为代表的唐代正统派绘画传统。

永乐宫壁画在我国绘画艺术史上无疑拥有不可撼动的重要地位。不过除了艺术价值，它还向我们展示了元代的民俗风情和宗教文化，这些对于研究元代历史同样有着重要的作用。